トヨタから学んだ

本当のカイゼン

(株)カイゼン・マイスター [著]

日刊工業新聞社

はじめに

　私どもはトヨタ自動車及びセントラル自動車（現トヨタ自動車東日本）を定年で退職してから、2007年に株式会社カイゼン・マイスターを設立し、以来製造業だけでなく、農業や水産加工業や金融業をはじめとするサービス業など累計二百数十社の様々な業種の現場改善に携わってきた。

　本書の著者であるメンバーは、現役時代に製造部門、生産技術部門、生産管理部門、調達部門、品質保証部門等を経験したエキスパートであり且つ関連会社のトップ等の経験を通じて経営にも携わったが、いずれもトヨタグループの自主研究会活動等を通じてトヨタ生産方式（Toyota Production System 以下TPSと省略）の考え方を実践を通じて身に付けてきた背景がある。

　そのような訳で、本書のタイトルである「トヨタから学んだ本当のカイゼン」は、教師である「トヨタ自動車」の関係者に改めて敬意を表す意味も込めてつけたものである。

　ところで、TPSに関する書物は色々な形で巷に溢れているが、実際に自社の現場に導入する段になるとどうしてよいのか分からないという話を聞く事が多い。

　何事においても理論を学ぶこととそれを現場で実践する事の間にギャップがあることは当然であるが、TPSも例外ではない。そのギャップを埋めるために何が必要であろうかと考えた末に、日刊工業新聞社とも相談の上、本書は皆さんが疑問に感じている事に出来るだけ分かりやすく一つひとつ応えようと問答形式をとることにした。

多くの企業の現場改善の支援活動をしていると、経営者だけでなく現場のリーダーが本当に知りたい事や共通の課題が見えてきたものである。それらの課題を問答形式で漏らさず提供しようというのが本書の目的である。
　なお本書とは別に、実際の改善事例集をまとめた「カイゼン・リーダー養成塾」（2012年6月、日刊工業新聞社刊　小森治編著）や月刊誌「工場管理」に毎年カイゼン・マイスター特集記事として多くの改善事例を長期にわたって掲載してあるので、本書の問答集と共に具体的な現場での改善事例集にご興味があれば一読される事をお薦めしたい。

　トヨタ生産方式の狙いは、一言でいうと「徹底的なムダの排除」に尽きるが、そもそもムダと言うものは、現場では「私はムダです」という顔をせずに、いかにも「私は必要不可欠な仕事である」という顔をしているものである。
　特に同じ仕事を長い間続けていると「今は何でもない」と思っている仕事の中に多くのムダが隠れている事に気づかずにいる事が多い。
　そこで、今の仕事を見直すきっかけの1つとして「正味作業時間比率」という視点を持つ事をお薦めしたい。
　まずモノの4つの状態を知ることは、現場を見る時の基本である。
　モノの4つの状態とは、①停滞、②検査、③運搬、④加工の事を言う。
①停滞とは、何もされていない状態で在庫になっているもの
②検査とは、加工されたものの良否を確認されている状態
③運搬とは、ものが移動している状態
④加工とは、ものの状態が変わることで、切削されたり、溶接されたり、組付けられたりしている状態
　この中で加工だけが形が変わるので付加価値がついて最終工程に近づく。
　それ以外の停滞、運搬、検査は、モノを造る上でどうしても必要な工程ではあるが、それ自体に付加価値は付いていないので、最小限に抑えるべき工程である。

停滞、運搬、検査は工数をかければかけるほど、原価が上がる。

加工は付加価値を上げ、停滞、運搬、検査は原価を上げるだけと言われる所以である。

現在皆さんの工場で原材料から完成品になるまでのリードタイムの中で、加工だけの比率（正味作業時間比率）を測って見ると驚くほど低い事に気づくはずである。

材料や仕掛品として在庫の状態で停滞していたり、長い動線を運搬している事が仕事であると勘違いされている方も少なくない。

正味作業時間比率というものが、圧倒的に低いことに気づけば、改善のネタは無限にあることに気づくはずである。

本書は改善に取り組むに当たり、まずは改善の心構え5箇条と、改善に取り組むモチベーションや物の見方の重要性などについて、基本問答集として触れることにした。

また、具体的な現場の問答集では、皆が知りたいと思われる事を問答形式で対応する内容としたので、具体的な現場の問答集から読み始められても結構だが、心構え5箇条と改善の基本問答集も取り組む際に重要な視点を提供しているので是非目を通して頂ければ幸いである。

2016年7月　(株)カイゼン・マイスター

目次

第1章
身に付けたい改善の見方・考え方の基本　7

- 1-1　改善の心構え5箇条 …………………………………………… 8
- 1-2　改善の基本にかかわる問答集 ………………………………… 14
- 1-3　あるべき姿を実現する改善手法はどのようなものがあるか …… 24
- 1-4　改善活動を定着させるには …………………………………… 30
- 1-5　自工程の改善は全体最適の視点で取り組むとは
　　　どういうことか ………………………………………………… 36
- 1-6　標準を決めて異常を見つけるとはどういうことか ………… 38
- 1-7　7つのムダとはなにか ………………………………………… 41
- 1-8　管理者は何を管理したらよいのか？ ………………………… 46
- 1-9　「見える化」はなぜ必要か？ ………………………………… 52
- 1-10　4Sは改善の入口であると言われる理由は？ ……………… 55
- 1-11　4Sの4つのSとはなにか …………………………………… 57
- 1-12　4Sの本当の目的はなにか …………………………………… 58
- 1-13　作業域と通路を明確にするメリットはなにか …………… 60
- 1-14　所番地を明確にするメリットは …………………………… 62
- 1-15　4Sはどうしたら定着するか ………………………………… 64

第 2 章

品質について知っておきたいこと　　67

- 2-1　品質とはなにか ……………………………………………… 68
- 2-2　品質を良くすれば『原価低減』になると言うが本当か？ …… 71
- 2-3　後工程はお客様って何のこと？ ……………………………… 73
- 2-4　なぜ品質管理が必要なのか …………………………………… 76
- 2-5　自動化と自働化はなにが違うか ……………………………… 78
- 2-6　品質管理はどう進めたらよいか ……………………………… 81
- 2-7　ヒューマンエラーを減らすには ……………………………… 85
- 2-8　変化点管理はどの様に行うのか ……………………………… 89
- 2-9　品質不具合の再発防止はどのようにしたらよいか ………… 92
- 2-10　自工程完結とは ……………………………………………… 96
- 2-11　簡単に全数検査する方法はないか ………………………… 100

第 3 章

生産について知っておきたいこと　　103

- 3-1　稼働率と可動率はなにが違うか ……………………………… 104
- 3-2　作業標準と標準作業はなにが違うか ………………………… 106
- 3-3　自働化による生産性のメリットはなにか …………………… 108
- 3-4　人・モノ・情報の流れとはなにか …………………………… 111
- 3-5　沢山まとめて造るより小ロット化するメリットはなにか … 114
- 3-6　なぜ在庫は減らないか？ ……………………………………… 117
- 3-7　生産の遅れ進みが分かる現場にするには …………………… 119
- 3-8　生産変動への対応をどうしたらよいか ……………………… 122
- 3-9　在庫を減らすにはどうしたらよいか ………………………… 125

3-10	中間在庫を減らすにはどうしたらよいか ……………………	128
3-11	段取り時間を短縮するにはどうしたらよいか ……………………	131
3-12	生産のリードタイムを短縮するにはどうしたらよいか？ ……	135
3-13	人による作業のバラツキをなくすには？ ……………………	139
3-14	受注量に応じた人員編成はどうやって組めばよいか …………	142
3-15	可動率を向上するにはなにが必要か ……………………………	146
3-16	非量産品の標準書はどのように作成すればよいか ……………	149
3-17	工数を低減するにはどうすればよいか（その1） ……………	152
3-18	工数を低減するにはどうすればよいか（その2） ……………	155
3-19	工数を低減するにはどうすればよいか（その3） ……………	157
3-20	工数を低減するにはどうすればよいか（その4） ……………	159
3-21	工数を低減するにはどうすればよいか（その5） ……………	161
3-22	自動化を導入するにあたっての注意事項は？ …………………	164

第4章

原価・安全・人事教育について知っておきたいこと　169

4-1	原価低減活動はどの様に進めたらよいか ………………………	170
4-2	製品別原価の把握を簡単に出来ないか …………………………	174
4-3	固定費を減らすには ………………………………………………	177
4-4	安全対策は原価を高めるだけか …………………………………	182
4-5	なぜ同じ怪我が出てしまうのか …………………………………	185
4-6	保護具の着用を守らせるには ……………………………………	188
4-7	新人や多能工を早く育てるにはどうしたらよいか ……………	191
4-8	QCサークル（小集団活動）を活性化させるためには どうしたらよいか …………………………………………………	195

第 1 章

身に付けたい改善の見方・考え方の基本

1-1 改善の心構え5箇条

(1) モチベーションへの配慮……自分で考える人づくり

トヨタ生産方式（TPS）は、人づくりをベースにして成り立つもので、改善活動はその上で成り立つものである

　改善に取り組むのは、他ならぬ人である。
　その人が、やらされ感で改善に取り組んでも、やらされ感でやっているうちは本人にとっても楽しくないので、本格的に定着した活動にはならない。
　改善活動を定着させるためには、まず「人づくり」が欠かせない。
　「ものづくりは人づくり」と言われる所以であり、「自分で考える人」を育成することからスタートする必要がある。逆に失敗している事例の多くは「自分で考える人づくり」がなく、上からのやらされ感でやっているからであると考えられる。
　「人づくり」はいわば改善活動に欠かせないインフラである。
　かつて松下電器産業（現パナソニック）の松下幸之助翁が、「松下電器は何を作っている会社ですか」と聞かれ時に「松下電器は人を作っております。ついでに家電も作っております」と応えられたお言葉と相通ずるものがある。
　従って、「改善の意志に対する適切な働きかけ」が極めて重要である。

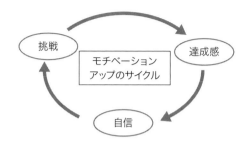

　私どもは起業して以来、二百数十社以上の企業とお付き合いをしてきたが、改善が成功している会社は、全て経営トップが現場に関心を持ち、この意識で活動を展開している会社であり、このようなモチベーションアップのサイクルが回っている。
　改善を成功させるキーワードは、"改善を楽しみましょう！"である。

(2) 今のやり方に疑問を持つ
……　一旦決めたルールが独り歩きしていないか

　今当たり前の事としてやっている事に、「本当にこれで良いのか」という疑問を持つ意識が重要である。K社は、デパ地下や駅ナカに中華食品の食材を提供しているが、改善活動をきっかけに一斉に今までの仕事のやり方を見直す事にした。

改善前：壁があるので食品加工場から出荷場まで遠回りをしていた。特に熱処理工程を通過する際には雑菌を持ち込むリスクもはらんでいた。

改善後：壁があるので仕方がないと思っていたが、そもそも壁は取り払えばよいではないかという事に気づいて、壁に穴をあけてコロコンを活用して加工場から出荷場までの動線を大幅に短縮。

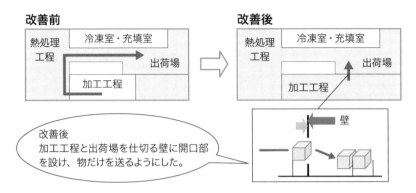

　これは一例であるが、長い間続けていると、案外今やっている事に疑問を持たなくなってしまう事があるので、「今のやり方に疑問を持つ」ことは改善に取り組む際に大事な心構えである。

(3) 先入観からの解放

　同じ仕事を日々継続していると、思わぬ先入観にとらわれている事が多いものである。

　A社は板金加工の得意な会社であるが、プレス加工において起動ボタンは設備についていなければならないという先入観にとらわれていた。

改善前：プレスの起動ボタンが機械についていなければならないと考えていたために、作業者は機械に張り付いて1台に1人で4台のラインに4人の作業者がついていた。

改善後：起動ボタンを機械の間に移動して、作業者が移動しながらワークを1号機から取り出し、途中で1号機の起動ボタンを押して、2号機に1号機から取り出したワークをセットしながら、1号機に帰る途中で2号機の起動ボタンを押すことで、金をかけずに1人2台持ちに改善し4人→2人のラインに改善した。

改善前	改善後
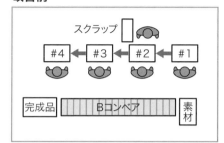	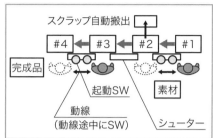

(4) 作業の真の目的は何か

同じ仕事を続けていると今やっているやり方が目的になってしまう例が多い

手段が目的になっていないか

①そのケガキ作業は何の為にやるのか……真の目的は取り付け穴の位置決め

改善前：T社は、配電盤に機器を取り付けるためのねじ切り加工をしている。その穴位置を図面を見ながら鋼尺とケガキ針を使い目印をつけるケガキ作業を実施していた。数が多いと大変な時間がかかり、時としてミスも発生していた。

改善後：ケガキ作業の真の目的は、取り付け穴の位置決めであることに気づいたので、設計図をマイラー※にコピーし、そのマイラーをパネルに貼り、マイラーの上からポンチ

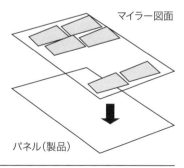

※ マイラーとは、樹脂でできた透明なシートで、温度変化に強い材質である。マイラーに図面をコピーしたものをマイラー図面という。

を打つようにしてケガキ作業を廃止した。

②なぜボタンを押し続けるのか……真の目的は安全確保

　豪州のプレス部品メーカーN社は、1台のプレス機に1人ずつ人がついて、成形が終わるまで両手で起動ボタンを押し続けている。安全確保の為に、両手を押し続けている。

改善案：真の目的は、人を機械から離して安全を確保することである。その目的の為には、1人3台持ちとし、それぞれの起動ボタンを次の機械付近まで離れたところに設置して、ワンタッチで起動しても安全確保という目的は達成できるものである。

改善前：作業者が機械と隣接しているため、安全確保のためには両手で起動ボタンを押す必要があった。そのため、作業者はスイッチを押し続けなければならなかった。

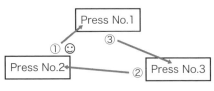

改善後：1人3台持ちとし、次の機械付近に設置した起動スイッチのところまで移動しないと押せないようにした。作業者は機械から離れたところで起動させることになるので、ワンタッチ式のスイッチでよいことになる。

1-1 改善の心構え5箇条

真の目的は一つでも、手段は沢山あることに気づく事が大事！

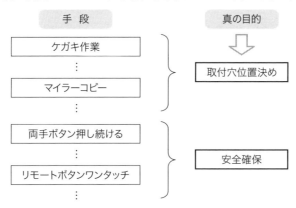

（5）愚直に基本にこだわる

　改善が現場に定着しない原因の一つは、基本にこだわるかどうかである。多少の事は「まあいいや」となって、基本が崩れている現場を拝見するが、一事が万事でこのような習慣がついている現場では改善は定着しないことになる。現場で異常が見えたらすぐ必要なアクションを取る「反射神経のある職場」があるべき姿である。

セントラル自動車（現トヨタ自動車東日本）
旧相模原工場

1-2 改善の基本にかかわる問答集

Q1 改善の現場では、横展開という事が重要視されています。横展開を強調される意義は何故でしょうか？

A1 ある職場で問題が発生した時に、再発防止策を立てると共にそれを会社全体に横展開する事が必要です。それによって未だ失敗を経験していない他の職場も同じ失敗を繰り返さないようにすることが出来るのです。即ち他の職場にとっては、未然防止の効果があるわけです。ある職場での再発防止が、他の職場の未然防止になるという効果があるのです。

またある職場で大変良い成果をおさめたプロセスを他の職場でも横展開する事で、会社全体のプラスの効果が倍増する効果があります。

Q2 「見える化」はなぜ必要なのですか？ それぞれの担当の責任者が現場を把握していれば、他の人には見えなくても良いのでは？

A2 その現場を良く知っている人にまかせっきりにしていると、人は病気で休むこともあるし、その人が辞めた場合は会社にとってリスクです。

また経営者や管理者が結果だけを見て評価していたのでは、途中のプロセスで問題があっても助けることが出来ません。管理者とは、部下の仕事を通じて成果を出す人です。そのためには、仕事のプロセスに参加して自らも汗を流したり知恵を出したりすることが求められます。その為には、プロセスの見える化が極めて重要です。

※具体例を示した後述の―見える化はなぜ必要か―も参照

Q3 PDCAの管理のサイクルを回す時に配慮すべき事は何ですか？

A3 PDCAの管理のサイクルには短いものと長いものがあります。

短いサイクルでは、品質問題が発生した時の対応ですが、すぐ情報をフィードバックして対策を立てる事が大事です。不良品箱が一杯になってから前工程にフィードバックするのでなく1件必殺で即フィードバックが欠かせません。また一部には検査をして悪いものがあったら処分するが、それが仕事になっており肝心のフィードバックがされていないケースを見かけます。

長いサイクルでは、年度方針の中間点検などがありますが○△×の評価だけで済ませていませんか？　大事な事は評価そのものよりも、悪い情報のフィードバックです。

悪い情報のフィードバックで、将来の未然防止を図ることが会社の財産になるのです。

"Bad news first"の精神を徹底させるためには管理者の姿勢が大事です。

不良品箱が一杯になるのを待つのでなく1件出たら即フィードバックすべき

Q4 トヨタ式の標準作業の考え方は事務作業にも適用できますか？事例があれば紹介して下さい。

A4 標準作業の3要素は作業手順・サイクルタイム・標準手持ですが、事務作業においては、作業手順・サイクルタイムが必須条件です。

私どもが支援した金融機関の事務集中センターやローンセンターなど、比較的反復作業の多い事務作業の現場では、標準作業組合せ票を作成しました。一般的に、事務の作業現場では「マニュアル」に基づいた作業の手順は明確に定められているが、時間の概念が無いのが普通です。これが、事務の現場と製造現場の標準作業と決定的に違う点です。

　銀行の事務センターやローンセンターで実際に、ストップウォッチをお渡しして「標準作業組合せ票」を作成してもらいました。それまでは、作業手順は決まっていたが、ストップウォッチで時間を測定したのははじめてでした。これによって、事務職場にサイクルタイムの概念が導入されました。

　例えば、手形グループで200枚を処理するのに、61分かかる事が分かりました。最初は人によるバラツキがあることは分かっていましたが、時間を測定した事は無かったので、時間の概念を導入しただけで皆さんの時間の意識が芽生えて大いに短縮されました。

	作業名	時間	作業推移
1	手形受付（200枚）	15分	⟶
2	MICR印字	5分	⟶
3	確認	3分	→
4	ソーター作業	5分	⟶
5	手形仕分け	3分	→
6	印鑑照合	30分	⟶⟶⟶
1サイクル合計61分（200枚）			⟶⟶⟶⟶

Q5 事務所で標準作業の概念を導入する際に配慮すべき事は何ですか？ 具体的な事例を基に説明して下さい。

A5 標準作業の3要素は作業手順・サイクルタイム・標準手持と言われていますが、事務所では作業手順とサイクルタイムの2要素が必須です。

　事務作業においても標準作業の重要な要素である作業手順は、一般的にマニュアルに折り込まれています。マニュアルには、作業手順だけでなく作業をやり易くするためのカン・コツなども記入する事が大事です。ところが多くの会社でのマニュアルの事例を見ると、特定の管理部門や本部と言われる部署がマニュアルを作成するが、そのマニュアルが実際の現場では使いにくいと言う声を実に多く耳にします。

　マニュアルを作成する場合は、使用する現場の声を聞いて使いやすいように表現方法や重要なカン・コツを分かりやすいように内容にフィードバックする事が大事です。

　特に新人でも分かりやすいマニュアル作成を目指して、絶えずマニュアルの改善を進める事が大事です。

　またトヨタでは、標準は絶えず改善され変えられるものというのが常識です。従って、マニュアルも一旦作ったら変えないというのは間違いで、絶えず改善に応じて更新されるべきものです。

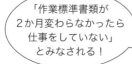
「作業標準書類が2か月変わらなかったら仕事をしていない」とみなされる！

マニュアルも一旦作ったら変わらないのはおかしい！新人でも分かるマニュアルがあるべき姿でしょう！

Q6 トヨタ生産方式の中のニンベンのついた自働化の考え方は、事務の品質・生産性向上にも適用可能でしょうか。

A6 トヨタ生産方式の2本柱の1つであるニンベンのついた自働化の思想は、異常があったら信号を出して機械を止める事によって、工程で品質を作り込むものです。

即ち従来の検査で品質を保証するという思想と一線を画するものです。

例えば車両生産工場の、組み立てラインでは、異常があったらアンドンの紐を引いて信号を出し、リーダーを呼んで対策を立てるルールになっています。

事務所でも同様に、異常があったら、すぐ信号を出して報告する事が欠かせません。

多くの会社とお付き合いしていると、例えば、決められたルール通りにやったらやりにくいので、自分のやりかたでやってしまう例を少なからず見かけます。これではPDCAのサイクルが回りません。PLANの段階でルールを決めたら、愚直にそれを実行して、問題があればそこで信号を出

> 異常を知らせる工程アンドンも
> 愚直に基本を守る人達によって仕組みが守られている！
> 事務職場では、異常を報告しやすい
> 職場づくりが大事！

セントラル自動車（現トヨタ東日本）旧相模原工場

して問題提起することが大事です。その為には、事務所において配慮しなければならないことは、異常を報告しやすい、ミスを報告しやすい職場作りです。

　ミスや異常を報告したらペナルティを課せられる職場では、隠ぺい体質になります。報告しやすい職場作りを通じてはじめて、愚直に基本を守る人たちが育成されてくるものです。

Q7 反射神経のある職場づくりとはどのような職場づくりのことですか 反射神経がなぜ必要なのですか。

A7 　トヨタでは極く些細な事でも、いつもと違ったことがあったらすぐ信号を出す事を重視します。

　"現地現物主義で現場で異常があったらすぐアクション"という背景にはハインリッヒの法則があります。1件の重大災害は突然発生するのではなく、その裏には、29件の軽災害、300件のヒヤリハットが発生しているはずであるというものがハインリッヒの法則です。

　某社の重大事故が報道されると、その後から続々と実は過去に多くの問題があったがそれらが見過ごされたり隠ぺいされたりという事実が明らかになることがあります。これはまさに、ハインリッヒの法則が働いている

セントラル自動車（現トヨタ東日本）旧相模原工場

証左です。"神は細部に宿る"という言葉にもありますが、些細な変化に敏感に感受性を養い、異常があったらすぐアクション（信号を出す）を出す事によって、重大な安全に関する問題や品質問題を事前に抑える効果があるからです。

Q8 "品質を工程で作り込む"と言う思想を事務の仕事に適用するとどうなりますか？

A8 "品質を工程で作り込む"という思想は、今は「自工程完結」という言葉で表現されています。即ち、"自分の仕事の品質は自分の工程で保証する＝私がこの仕事は保証する"工程にすることが必要ですが、その為には作業者の意識改革だけでなく、仕組みの面でもそのようにする必要があります。

事務所の仕事でも全く同様で、担当者の意識の面では「私がミスをしても後工程（含む上司）の誰かが見つけてくれるだろう」という甘い考えではダメで、全員が「この仕事は私が保証する」という意識で自分の仕事に取り組んでもらわなければなりません。

一方仕組みの面でも、対策を考えなければなりません。

実際に某社の事務作業の事例で、重要な入力業務については1次（エントリー）入力と2次（ベリファイ）入力のダブルチェックをすることにしていたが、1次入力でミスゼロの人は入力後の確認作業をルーティンとしていたのに対して、一方ミスの多い人は入力後の確認はなしでした。従っ

て、入力後の確認作業を標準作業の手順の中に取り入れることにした例などがあります。2次入力時に発見された1次入力ミスを「工程内不良」として記録し、再発防止につなげることも大事です。

さらに、ITシステム上でも基本的な入力漏れなどがあれば、入力異常としてシステム上ではねてもらうようにしたり、仕組みの面でも対策が必要な事は工場現場と同じです。

Q9 改善を導入しようと思いますが、"忙しすぎて改善などやる暇がない"という声が現場から聞こえてきます。どのように説得すればよいでしょうか。

A9 確かに多くの会社とお付き合いしていると、"忙しいのに改善活動など余分な事をしなければならないのは大変だ、そんな暇はない"という声を聞く事は珍しい事ではありません。

ところで、改善活動というのは仕事以外の特別の活動なのでしょうか。

逆に改善の無い仕事は、事務や技術の畑を問わずすべて仕事とは言えず作業と言うべきでしょう。改善とは仕事のやり方を自ら考えて良い方向に見直す事ですが、自ら考えずに今までのやり方を繰り返し踏襲したり、言われたことを忠実にこなすだけならば、それは仕事ではなく単なる作業と言うべきでしょう。

ロボットと人間の基本的な違いは、ロボットが言われたことを忠実に実行する事に終始する（最近はAIのように自ら考えるロボットも出てきているが……）のに対し、人間は、同じ仕事をやるのに自ら考えて知恵と工夫で絶えず改善をする事です。忙しくて改善をする暇のない人は、仕事をしているのではなく、単に作業をしているだけで、いずれ21世紀のある時期からは製造現場や事務の現場において、ロボットに仕事を奪われてしまう事を自覚すべきです。

改善を通じて自ら考える習慣を身に着けて、自らの成長にも繋がること

を理解してもらうことによって、改善への動機づけが出来ると思います。

Q10 トヨタ生産方式がプロセスを重視するのはなぜですか。

A10 "経営は結果責任だ。従って私は結果で全てを評価する"という経営者がいます。

"経営は結果責任だ"ということは正しいと思いますが、トップが結果の数値だけを部下に求めすぎると、部下は数値のつじつま合わせに走りかねません。現在日本の代表的な大企業でも、粉飾などの不正に走っている事がそれを証明していると思います。

PDCAのプロセスの中で、経営者や管理者が部下に対して「問題は無いか、私に出来る事は無いか」と問いかけるのが「あるべき姿」ではないでしょうか。

例えば、ある会社で事務ミス防止の為のチェックシートのチェック項目を増やし、それをルール化して、マニュアルにも明記したが、守られないケースが多い。現場に入って良く聞いてみると、問題が起こるたびにチェック項目が追加されて守ることが難しくなっているので、担当者がチェック項目すべてをチェックしなくなっている。これなどは、PDCAのPlanは立てたが、Planに問題があるために、Doが実行されないケースです。

従って、本当に重要な項目だけに絞って現場で使い易いチェックシートに見直す事が必要であるが、このように、プロセスを現場で確認すると、このような問題が見えてきてチェック項目の見直しの改善に繋がる事があります。経営者や管理者が現地現物の精神で現場に入って問題を見つけることによって、部下のサポートも出来るようになります。結果の数値だけを見て管理していたのでは、部下の報告だけに頼り、現地現物から遠ざかり真の問題から目をそらす事になってしまいます。このような訳で、トヨタにおける、プロセス重視の精神は現地現物の精神と一体のものです。

Q11 現場改善活動において、短期的な原価低減目標数値に拘り過ぎると弊害があるという理由は何ですか。具体的な事例で説明して下さい。

A11 現場改善を通じて、在庫削減をした場合には財務上ではキャッシュフローにはすぐ効いてきますが、損益に効いてくるまでには時差があります。例えば在庫が多い為に余分に調達したパレット等は、一度買ってしまったものですから、資産に計上されて減価償却されることに変わりはありません。また造り過ぎの為に資産に計上されていた在庫が減少すると、それまでは造り過ぎの為に在庫資産に配賦され、人件費・経費等が薄められていたものが、当期は調整されるので、むしろ損益は一時的に悪化します。また現場改善を通じて浮いた人たちについては、トヨタでは優秀な人から新しいプロジェクト等の仕事に取り組んでもらう事を原則にしていますが、その人たちの成果が損益に効いてくるまでにはやはり一定の時差があることを覚悟しなければなりません。

　また、中小企業の経営者の方々は、営業活動を通じて新しい仕事を取ってくる努力をされています。損益に一番即効性のあるのは、改善を通じて浮いた人たちをすぐ解雇したり契約解除することですが、今後自分が首になる改善に誰が協力するでしょうか。

　従って、改善を通じて浮いた人たちを解雇するような会社の改善は支援を依頼されてもお断りする事にしております。

　トヨタ式現場改善を人切りのツールとして使われてはならないというのが私どもの基本理念です。

1-3 あるべき姿を実現する改善手法はどのようなものがあるか

　一般に、工場が抱える問題は、「あるべき姿」とのギャップである。工場の「あるべき姿」とは次の7項目である。
　　(1)　職場における労働災害がゼロであること
　　(2)　お客様に迷惑をかける品質不良がゼロであること
　　(3)　お客様に迷惑をかける納期遅れがゼロであること
　　(4)　滞流している仕掛け品や完成品の在庫が限りなくゼロに近いこと
　　(5)　生産工程における物の運搬が限りなくゼロに近いこと
　　(6)　生産阻害となる設備故障がゼロであること
　　(7)　モチベーションの高い人材が充実していること
　以下に7項目について主な「あるべき姿を実現するための改善手法」について整理してみる。

(1) 災害ゼロを実現するには

　「災害がゼロ」に向けて解決すべき職場の安全・環境問題は、作業を開始する前に解決しておく問題である。特に安全は作業する人の災害、人命に関わる問題であるから重要である。また、環境問題も公害、地球環境につながる重要な問題である。基本精神は「従業員の安全」「安全は作業の入り口」である。主な改善手法としては以下のようなものがある。

①安全性向上をはかるには
　・労働安全衛生法の遵守
　　法令違反なきように十分な検証を行うこと
　・安全3原則の徹底
　　（整理整頓　点検整備　標準作業）

1-3 あるべき姿を実現する改善手法はどのようなものがあるか

- 5S（整理・整頓・清潔・清掃・しつけ）
- 標準作業
- KY活動（危険予知活動）

等が挙げられる。

②作業環境を改善するには
- 労働安全衛生法の遵守
  法令違反なきように十分な検証を行うこと
- 4S（整理、整頓、清潔、清掃）の徹底
  上司が率先垂範、全員参加で継続、4Sマップ、チェックシート

等が挙げられる。

(2) 品質不良ゼロを実現するには

基本精神は「お客様の信頼」「不良は絶対に流さない」「後工程はお客様」の考え方である。改善手法としては以下のようなものがある。

①自働化（後工程に不良は流れないしくみ）
②自工程完結型（作業標準書に手順・急所）
③変化点管理（4M（人・物・設備・工法））
④QC工程表・QCマップ、
⑤QC手法（主なものは以下の通りである）
- QC7つ道具（Q7）
  パレート図、特性要因図、グラフ、チェックシート、ヒストグラム、散布図、管理図
  なお、QC7つ道具については別項（**2-6 品質管理はどう進めたらよいか**）を参照されたい。
- 新QC7つ道具（N7）
  連関図法、系統図法、マトリックス図法、親和図法、アロー・ダイヤグラム法、マトリックス・データ解析法、PDPC（Process Decision

Program　Chart）法の7つがある。
- 統計的手法
  検定・推定、分散分析、実験計画法　などである。
- 層別の考え方
  分析的捉え方、多面的捉え方（対立分類と連続分類、目的分類と手段分類、交差区分、相互関係）などである。

⑥QCサークル活動

などである。

(3) 納期遅れゼロを実現するには

　基本精神は「お客様の信頼」「先入れ先出し」「停滞なくす」の考え方である。改善手法としては以下のようなものがある。

①生産管理（生産進度管理、納期管理、目で見る管理・アンドン）
②リードタイム短縮・工程分析・モノの流れ図（フローチャート）
③作業改善《作業、動作（サーブリック）分析・段取り作業の改善》
などである。

(4) 在庫ゼロを実現するには

　基本精神は必要な物が必要な時に必要な分だけ運ぶ・造る「徹底的なムダ（7つのムダ）排除」「在庫はムダの根源」の考え方である。改善手法としては以下のようなものがある。

①ジャストインタイムの実現
　「後工程引き取り」「平準化生産」「タクトタイム」
②標準手持ち（作業標準票）
③ABC分析・発注点管理
などである。

(5) 運搬ゼロを実現するには

基本精神は「造り過ぎは運搬のムダを生む」「運搬は付加価値を生まない」の考え方である。改善手法としては以下のようなものがある。

①積載率の向上（混載・積み方工夫・荷姿工夫・空便排除）
②動線の改善（標準作業書）
　（物を積み下ろし、運搬の重複をなくす）
③動作分析（動きのムダ観測・改善）
などである。

(6) 設備故障ゼロを実現するには

基本精神は「愛機精神（道具は大切に）」「事後処理から事前管理へ」「稼動率より可動率100％が目標」の考え方である。改善手法としては以下のようなものがある。

①メンテナンス標準（マニュアル）
②日常点検（始業点検）と定期点検
③変化点管理・保全台帳（カルテ方式）
などである。

(7) モチベーションの高い人材充実

基本精神は「ものづくりは人づくり」「人の能力100％発揮」
改善をするのは人である。改善能力を持ったモチベーションの高い人材を育成するのは企業経営の最も重要かつ基礎的課題である。
人事に関する問題は職場の人間関係にまで影響を与える重要な問題である。主な改善手法としては以下のようなものがある。

①人事管理能力向上（管理能力向上プログラム、自主管理能力）
　（リーダ育成教育、TWI（仕事の教え方）、スキルマップ等）
　・人が働く（作業）の3要素
　　目的の自覚、創造性発揮、人に喜ばれる社会性
　・アイデアの出し方
　　ブレーンストーミング、オズボーンのチェックリスト
②小集団活動（QCサークル活動）の進め方
などである。

まとめ

　「改善を進めるためのツールにはどんなものがあるか」について、主な改善手法を前述したが、これらの改善手法は、改善すべき問題に対して1対1で対応しているわけではなく、多くの場合、問題を改善する手法は複数の手法の組み合わせによって対応している。
　改善を進めるうえで重要なことは、問題がどこにあるのかを見つけることである。そのためには「なぜなぜを5回繰り返し」、問題の真因にまで問い詰めることが重要である。
　例えば、「納期遅れの問題」を改善する場合、原因を調べたら途中の工程で不良品が発生し、造り直しすることによる遅れであった。更になぜ品質不良が生じたかを原因追究したところ、刃具の摩耗であった。その原因は、切削油が不足していたことによる、という具合に、設備の日常管理が不十分であったことが真因であった。などと言うように、一つの問題に対して複数の改善手法が組み合わされて改善される場合が多いのである。
　同様に、「生産管理」に関する問題を解決する改善手法は他の「安全・環境」、「品質管理」「人事管理」とも関連している場合が多いのである。
　また、生産上の問題は、総合的に問題を改善する「トヨタ生産方式」が最も有効であるので、次ページの図に「トヨタ生産方式」の「改善活動の体系図」を示す。

1-3 あるべき姿を実現する改善手法はどのようなものがあるか

■改善活動の体系図

(上位の目的) ねらいは	改善する上で基本思想 2本の柱	目的 7つのムダ排除	手段 ムダ排除の手法
原価低減 (生産性向上) ⇩ お客様へ 安くて、 よい品を ⇩ 従業員の 安全、 しあわせ ⇩ 社会に 貢献する	ジャストインタイム 必要なものが 必要な時に 必要な分だけ 造ったり運んだりする 自働化 不良はつくらない 後工程に送らない	つくり過ぎのムダをなくす 運搬のムダをなくす 在庫のムダをなくす 手待ちのムダをなくす 加工のムダをなくす 動作のムダをなくす 不良をつくるムダをなくす	後工程引き取り型生産(カンバン方式) 平準化生産 タクトで生産 小ロット、1個流し生産 段取り時間の短縮(外段取り) 標準作業(3つの帳票) 多能工化 多工程持ち 省人化から少人化へ 自工程完結型 ポカヨケ、異常が分かるしくみ 自動化から自働化へ 定位置停止 アンドン、警報、目で見る管理

> 安全は作業の入口、4Sは改善の入口

　上図で示すように、「安全は作業の入口」「4S（整理・整頓・清潔・清掃）は改善の入口」と言われ、改善活動に入る前に取り組む問題である。

　トヨタ生産方式の目的は「原価低減」である。そのためには「ムダ」の徹底的な排除であり、ムダを排除するには「ジャストインタイム」と「自働化」の限りない追求が必須である。そのための手段として図に示すような様々な「ムダ排除の手法」が生み出されてきたのである。

1-4 改善活動を定着させるには

　多くの企業が悩んでいるのは、改善活動はなかなか定着しない、継続するのが難しいという問題である。改善活動が定着していない企業に共通して指摘されるのは、次のような問題である。

　（1）マネジャー層の改善に対する意識が低い。
　（2）全員の協力が弱く、モチベーションが低い。
　（3）行動しないで、言い訳が多い。
　（4）今のやり方が一番良いと思っている。
　（5）決めたことが守られない。
　（6）改善してもすぐに効果が出ない。

　なぜこのような問題が生じるのか、どうすればよいのかについて述べる。

(1) まずはマネジャー層の意識改革から

　要因は、「現状認識が甘い」「リーダーとしての自覚がない」「改善をやっても効果がないと思い込んでいる」などが挙げられる。これらの要因は、世の中の動き、競合他社の状況などの変化を把握すべき自分の立場が認識されていないことに起因している。

　したがって対応策は、現状認識を変えることである。現状に満足していれば、改善しようとする気持ちは生まれない。現在のやり方は最良ではない。もっと良いやり方があるはずだと、現状を常に前向きに否定的に捉えれば、新しいものを生み出すエネルギーに変えることができる。「否定こそが問題点を顕在化させるドライバー」となる。現状を常に前向きに否定してみることが重要である。では、何を否定するか？

次の順序で自問してみる
①自分自身の仕事を否定する。
　自分の仕事にムダはないか、付加価値のある仕事をしているかと自問する。一日の自分の行動を振り返ってみる、あるいは繰り返し作業の動作を分析してみると予想以上に付加価値のない作業、行動が発見されると思う。
②チームの仕事を否定する。
　チームとして最大限の成果を出す事ができるか、個人プレーよりチームプレー、助け合えばもっと成果が上がるのではないかと自問する。作業の流れがよどんでいないか。一工程だけ作業が早いと他の工程に迷惑がかかる。部分最適を求めていないかを調べ、全体最適を求めていくことが重要である。
③組織、システム（仕組み）を否定する。
　機能、部間にまたがる業務連鎖における問題はないか。仕事のやらせ方や仕組みに問題はないか。セクショナリズムによる弊害はないかと自問する。組織が大きくなると壁ができるので要注意である。全体最適よりも部分最適になっていないか、注意すること。

(2) 全員のモチベーションを高める

　モチベーションが低いのは、組織のリーダーに責任がある。
　では、全員の協力とモチベーションを高めるには、どうしたらよいか。
　次のことを行うことである。
①リーダーの役割は「目的、目標」を設定し、発信すること。
　組織で仕事をするからには、必ず「目的」がなければならない。全従業員が理解できる分かり易い目的、目標、分かり易いメッセージ、数値を発信することが大事である。チームの全員が「なるほど」と思えるような「共同の目的」を設定することが出来て、さらに、チームの全員が「共同の目的」に向かって一致協力できるような「場」づくりが出来る人でなければならない。

②チームワークの基礎は個性を認めあうこと。

　言いたいことも言えずに「ご無理ごもっとも」でやっているのは「和」ではない。面従腹背は最も悪い人間関係となり、良い仕事ができない。言いたいことを言いながら、お互いの考えや意見、個性を尊重して、最終的には「共同の目的」に最も近いものを取り上げていくことが本当の「和」の精神である。

③コミュニケーションを向上させること。

　管理者のコミュニケーション能力は、情報を正しく伝達しメンバーを経営目標達成に向けて動機付けるために大変重要な条件であり、管理者には、日常業務の中で十二分にこれらを徹底させるシステムをつくることが、要求されている。インフォーマルなコミュニケーションの場も有効に活用すべきである。

　以上のことを推進し、「組織の一体感、夢の共有」を図るべきである。

(3) 巧遅より拙速を尊び、褒める

　多くの企業で遭遇するのは、改善を要する大きな問題に対して初めから改善ができない理由を並べたてて問題から回避しようとするリーダーが多いことである。出来ない理由をいくつも並べてみても問題は解決しないのである。

　なぜこのような他責意識の言い訳、愚痴、責任転嫁をするのか？その要因を考えると、人間はそもそも怠け者であるから苦労するのを避けたいという気持ちが強く、出来ない理由を並べて（他責にして）気持ちを楽にしたいと考えるのかも知れない。しかし、それだけの理由だけではないようだ。

　もう一つの要因は、過去に冒した失敗に対し人格を否定されるような叱責を受けたことがあったか、あるいはプライドを傷つけられたことがあったことに起因すると思われる。このような過去の経験から失敗したら怖い

という思いがトラウマとなって、対策に取り組むよりも問題から回避しようとする気持ちが強くなり、最初から言い訳・愚痴・責任転嫁ばかり考えるような人間になってしまったのではないだろうか。

対応策は、経営者や上司は部下の失敗に対して人格を否定するような叱責、あるいはプライドを傷つけるような言い回しをしないように配慮することが肝要である。

リーダーたるものは自分自身が言い訳・愚痴・責任転嫁ばかり並べ立てるような人にならないように努力することに加えて、部下に対してもそのような人にならないような配慮をすべきである。

(4) 今のやり方より良い方法が絶対ある

現状に甘んじ、今のやり方が一番良いと思っている、問題がないと思っているとしたら、それが最大の問題である。このような問題は、組織活動の低迷化（マンネリ化）にある。組織は時間の経過とともに硬直化していく。そして効率性を低下させていく宿命をもっている。これが集団の高齢化現象で、現状に甘んじ「今のやり方が一番良いと思っている」現象である。

はじめの頃は「なんかおかしい」「なぜだろう」と最初に気付いた素朴な疑問も、時間が経つとともに薄れてしまい、忙しさにかまけて「まあいいか」「誰かがやるだろう」等という気持ちに負けてしまい、せっかくの改善の糸口（芽）を潰してしまうことになる。

素朴な疑問を、しつこく、執念深く、こだわり続ける「心」を持ち続けるエネルギーはどこから湧いてくるか？

このエネルギー源は「使命感」である。使命感は心が腑に落ちないと生まれないのである。「腑に落ちる」とは心の底から納得することである。迷いがなく自分の使命であると決心することである。

自分の使命であると決心する心は、次の二つの要件から生まれる。

一つ目は、当人が先を読む力があるということである。言い換えれば、事の重大さに気が付くということである。
　二つ目は、立場・持ち場から、この問題に取り組めるのは自分しかいないと自覚した時である。
　特に注意すべき点は、経営状況がうまくいっている（売上も順調、利益も出ている）時である。このような時に、人はごう慢になり、謙虚さを失うので注意しなくてはならない。経営状況が良い時ほど、心を引き締めて謙虚さを失わない、「今が一番問題だ！」と思う心を持つことが重要である。

(5) 決めたことを守る

　決めた物事が守られないのは、決めなかったのと同じで、1歩も前進しないどころか虚しさが残り、後退である。このようなことが続いていくと、やがて組織の崩壊につながる。この要因は管理者にある。
　管理能力とは、PDCAのサイクルを確実に愚直に回す回転力である。管理手法を知っている管理者でも「PDCAのサイクルを確実に愚直に回す」ことが出来ないケースが多い。例えば、「計画だけで実施がされない」、「実施されてもチェック、アクションがない」等、途中で切れている場合が多く見られる。管理者にはしつこく、愚直に、取り組む気力が必要である。
　決めたことを守らないとその場で注意する、「全員で決めたことは守る」企業風土を築き上げることに真剣に取り組むべきである。
　同時に、PDCAのプラン（P）そのものに問題があり、愚直に実行（D）出来ない場合は信号を出して、プランを見直すべきである。そこではじめてPDCAのサイクルが回ることになる。プランを無視して自己判断でやってしまい、問題を起こしている例はよく見かける悪い例である。

(6) 改善は金銭的効果だけではない

　改善してもすぐに効果が出ないから改善しないという人がいる。確か

に、改善効果がすぐに出ない場合もある。しかし、改善による効果は必ず出てくる。今すぐ出ないから改善をやらないのはいかがなものかと思う。また、改善には金銭では評価できないような人の心の問題、やる気（モチベーション）、社会、職場の安全環境整備、など、企業経営の基礎となる改善もある。「改善してもすぐに効果が出ない」という言葉が出たら、「改善をしたくない」と言い訳していると捉えるべきである。

　改善活動を通して、オール・フォー・ワン、ワン・フォー・オールの絆が職場に芽生えたら、これほど大きな効果はない。

1-5 自工程の改善は全体最適の視点で取り組むとはどういうことか

　改善は、部分最適よりも全体最適を求めることが大切である。

　特に問題になるのは、自分の工程を改善することによって他工程（前工程や後工程）に悪い影響を与える場合である。例えば、下図に示すように、自工程を改善した結果、後工程に必要以上に速く製品を流して後工程に余分な仕掛品置き場ができて、先入れ先出しが困難になり、余分な運搬作業が増えてしまった。などと新たなムダが生まれたのであれば本末転倒である。

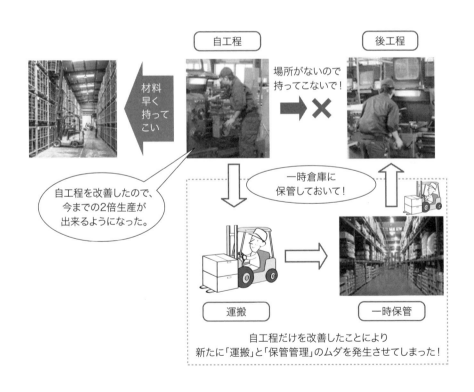

実際にこのようなケースを見かける事があるが、このような場合は、他工程に迷惑がかからないように、次のようなステップを踏むことである。

①自工程を改善し、手待ちのムダとして自工程だけの問題として一時とどめておく。
②全体最適への貢献と自工程の付加価値を増やすため、前後工程と相談して、待ち時間分の作業を引き受ける。

以上のようなステップを踏んで、どんどん自工程を改善すべきである。
大事なことは、工程を管理するリーダーが、売れるスピード（タクトタイム）で流すように全工程の作業バランスを取りながら全体最適を追求することである。特に、連結している多工程の場合は、作業員が多く、作業バランスをとることは難しくなる。だからと言って、特定の工程が必要以上に速く造ると、中間在庫を積み上げる「造り過ぎのムダ」を発生させるだけであることに注意しなければならない。あくまでも全体を売れるスピードで造ることが大事である。

全体最適の視点で取り組むことが重要なのは、ものづくりの分野だけでなく、団体スポーツ、例えば野球やサッカーなどにおいても大変重要である。全体最適の視点でメンバーの最適配置をし、チームワーク力を向上させることである。さらに、一方では部分最適に該当する、メンバーの一人ひとりが自分の能力を向上させるための改善を自主的に行うことが重要であることは言うまでもない。仕事もスポーツも団体活動であるから、全体最適の視点で取り組むことが肝要であろう。

1-6 標準を決めて異常を見つけるとはどういうことか

(1) 標準作業と異常の発見

　トヨタ生産方式では改善の後に、改善が後戻りしない仕組みを構築している。これは時が経って忘れられたり、人が変わった時などにも元に戻らなくてもよい仕組みである。この仕組みを活用すれば問題点が見えて来るようになる。

　現場が効率よく生産活動をするための管理の道具とするのが標準作業である。

　標準作業は『タクトタイム・作業順序・標準手持ち』の三つの要素から成り立っていて、作業者に理解させ遵守させるものである。その標準が守られなかった場合は、作業者を叱るのではなく、原因（問題点）を見つけ、対策をして、標準作業を改定して行くという活動を絶えず実施している。標準化すれば異常の発見（問題点の発見）ができ、原因を追究し、改善（問題点対策）して新たな標準化へステップアップし易くなる。このサイクル（即ち管理のサイクル）を続ければ、常に問題の発見は可能となる。

　タクトタイムは仕事のスピードを決めた標準時間のことであるが、このスピードで出来ない場合は、4M（後述（3）参照）に分解して要因を追求することが大切である。特に人が原因の場合は熟練度、教育訓練の方法、交代の方法など多くの問題点が摘出されるので多角的に原因を追求することが求められる。

　作業手順も現状のやり方を、そのまま作業手順書として仮の標準書を作れば改善すべき問題点が見えてくる。手順が決まらないといつまで経っても問題点は見えない。『標準のないところに改善なし』と言われる所以である。

　現状の標準作業は常に問題があると思い、常に改善意識を持ち続けるこ

とが大切である。標準作業がいつまでも同じ内容の場合は、それ自体が問題であることをここでも付け加えて置きたい。

(2) 4Sの標準を決めて異常を発見

次に改善の入口と言われる『4S』の徹底で問題を発見することが出来る。

4Sとは『整理・整頓・清潔・清掃』のことで、基本的な狙いは工場内、工程内、職場内での問題を顕在化し、正常か異常か見て分かる仕組みを実現することである。

『整理・整頓』とは、必要な物と不急・不要品を区分し必要な物だけを置き、所番地を決めて置き場所を明確にすることである。これにより、在庫管理、進捗状況、造りすぎの品物、不良品、部品欠品など目で見て分かり、問題が顕在化してくる。工具、部品等の置き方もワンタッチで取り出せるようにすると、部品や工具の置き方、作業環境やレイアウトの問題が見えてくるようになる。

『清掃・清潔』とは職場の汚れやごみ・ほこりを取り除くことである。職場の設備、治具、道具をきれいな状態に保ちながら、同時に点検するということである。設備につては清掃中に点検を行うことで油にじみ、漏れ、異音、振動、匂いなどの異常が発見でき、予防保全に繋がる。治具工具では摩耗劣化の発見を早期に行うことができ、品質問題の未然防止に繋がる。

(3) 変化点管理で異常を発見

問題発見の道具に『変化点管理』も有効な手段である。

変化点とは工程を構成する4M（人・物・設備・方法）が変化する時点のことである。

『人』の変化点とは作業者が交代することであるが、交代した場合は標準作業通りの作業が実施されているか、要領書通りにやられているか、確認することにより問題点の早期発見に繋がる。

『物』の変化点とは、製品が変わることである。設計変更の場合は、その連絡や明示によって変化したことが明確だが、注意すべきは日常行われる生産活動の中での変化である。ロットの違い、段取り替えの変更、材料仕入先の変更などによって、品質への悪影響を引き起こす可能性が高くなるため、変化点に対する連絡網と対応策は事前に確保しておく必要がある。

『設備』の変化点とは、加工条件の変更、機械そのものの更新、刃具の交換などを言い、このような変化点も品質に悪影響を及ぼす可能性が高くなる。また、定期的に行っている点検も変化点と捉えて、点検後は必ず異常はないか確認作業を標準として組み入れることが大切である。

『方法』の変化点とは、改善により標準作業を変えた場合、タクトの変化により構成人員を変えた場合、或いは手動から自動へ変えた場合などを言う。方法を変えた場合は、品質は勿論、生産性、コスト、安全面などで広い範囲に問題が発生するので、特に管理体制を強化しての対応が望まれる。

標準を決めて異常を見つける簡単な例を上げてみる。ここにコピー用紙が10冊きれいに積み重ねて置いてある。この状態では正常か異常か分からない。そこで標準を2～8冊と決め、線を入れて置けば、その線より多くても少なくても異常だと誰にでも分かるようになる。また、発注カードも標準で決めた箇所に挟んでおけば、欠品になることも防止できる。

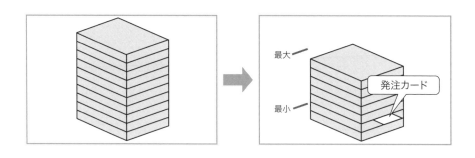

1-7 7つのムダとはなにか

　トヨタ生産方式では、原価主義の考え方でなく、造り方（仕事のやり方・やらせ方）で原価は変わると考えている。仕事の構成は正味作業＋付加価値のない付随作業＋ムダで成り立っている（下図参照）。

　日頃無意識に仕事をしていると、気がつかないムダが多くある。管理者でも、ただ仕事を見ているだけではムダをムダと認識することができない。

　トヨタ生産方式ではムダを7つに区分し、定義付けをすることによって、ムダとは何かを理解し易いように整理している。下表にその7つのム

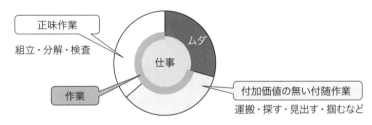

ムダの種類	発生要因	ムダの内容
①造りすぎのムダ	工程に余裕がある まとめて造った方が安いと勘違い	余剰な作業者 多く造りすぎ不要な管理
②在庫のムダ	製作L/Tが長い 安全在庫による安心感	管理費用の増加 スペースの確保と余分な管理
③不良・手直しのムダ	工程能力不足 品質は工程で造り込む体制なし	修正工数のムダ ライン停止のムダ、手待ちのムダ
④運搬のムダ	運搬は付加価値あると誤解 距離が長くても疑問がない	工数、費用を掛けるムダ 余剰人員を持つムダ
⑤手待ちのムダ	作業のバランスが取れていない 設備故障や欠品で停止	生産の遅れ 余分な生産をするムダ
⑥動作のムダ	動作経済の配慮がない 4Sが悪い	付加価値の無い動作をするムダ 最短距離での作業ができないムダ
⑦加工そのもののムダ	今のやり方が一番良い 標準書がなく、VA検討もなし	不要部位を加工するムダ 過剰品質を造るムダ

ダを示す。

それでは順を追って7つのムダについて説明する。

造りすぎのムダ

まずは7つのムダの中で、最も悪いムダは『造りすぎのムダ』と位置付けているので、最初に取り上げる。

造りすぎを起こしてしまう原因には、主に三つの背景がある。

一つは勝手に造りすぎることで、これは後工程引取り型ではなく、押しこみ型生産方式による自工程の都合で生産した場合に生じる造りすぎである。自工程の都合とは、段取り時間が長くかかったり、原材料の調達や生産のリードタイムが長くかかったりするのを回避する手段として、安易に正当化した考えによるところが多い。更に突発の受注分も予め造っておかないと、いざ対応する時が大変だという理由もある。

二つ目は早く造りすぎる事である。早く造りすぎてしまう原因には、生産能力に余裕があるとか、情報を早く出しすぎる等がある。その理由も自工程の都合によるところが多い。例えば可動率が低いので、早くから生産しないと所定の時間まで指定数量が完成しないとか、不良品が出た場合の巻き返し分まで造っておかないと心配だというような理由である。

三つ目は在庫を持っていれば、即納できるメリットがある。お客様満足度の向上や機会損失を回避できるとの考えから、経営者はじめ営業も製造部門も誰も造り過ぎが悪いムダとは思っていないことによる。

ところが、このような考えによってもたらされた造りすぎのムダは、以下に示す「在庫のムダ」や「不良・手直しのムダ」の他に、余分な経費・人件費を招き、ムダがムダを生む諸悪の元凶になってしまうので、トヨタでは最も悪いムダと位置づけている。

在庫のムダ

　トヨタ生産方式の基本であるジャストインタイムは、『必要な時に必要な物を必要な数だけ生産（供給）』する考えであり、これに反して早期生産した製品を在庫として保管するのはムダと認識されている。

　どうせ後で使うのだから、ムダではないと思いがちであるが、多く造りすぎた製品は在庫として残る。在庫は、移動、置き場所、整理、経時変化への対応など、在庫が無ければ本来無かった余分な仕事を発生させる。それが日常生産の中でルーチン化してしまうと、ムダとは気付かないことになってしまう。

　更に在庫があると、生産の遅れや設備故障、段替えによる生産停止時間や欠品による手待ちなど、本来問題にすべき工程の悪さを隠ぺいしてしまうことになる。

　在庫即ち売れないものは利益を生まないばかりでなく、保存管理のためのコストが掛かり、結果的に資金繰りに影響することになる。

不良・手直しのムダ

　不良品を造ってしまえば、すぐさま次の判断をして、再生産の必要性を決定しなければならない。
　①不良品を破棄し、再生産する
　②不良品を手直しして出荷する
　③特採品※としてそのまま出荷する

　再生産の場合、単純に計算して材料費・人件費・経費は倍になる。それに緊急性が加わると残業費の上乗せになるばかりではなく、不良品の処分代も余計にかかる。

　手直しをするに当たっては、選任者の残業諸経費や再調達部品費などが加算される。幸いにして特採品として出荷可能でも、製造ナン

※　特採品：合格品ではないが特別にそのまま採用される製品

バーの管理は永久に残る。

　このように不良を出してしまうと、多くのムダな費用が発生してしまうことになる。

運搬のムダ

　運搬のムダは運搬そのものがムダであるとの意識不足がある。顧客が商品を購入する際に、どのくらい多く運搬されたかなど全く関係がない。顧客は機能と品質を買っているのである。従って、生産者側は運搬を出来るだけ少なくしなければ、利益の向上どころか維持も困難になる。特に人手による運搬がなぜ発生するのか、レイアウト、工程設定、ハンドリング、仮置き等を見直し、なるべく運搬しない工夫をする必要がある。

手持ちのムダ

　手待ちのムダは仕事をしたくても出来ないために生ずるムダである。工程間の作業のアンバランスや欠品、後工程の詰まりやチョコ停によって生じるので、これらの対策をしっかり行い、整流化と同期化を目指して手待ちのムダを排除しなければならない。

動作のムダ

　動作のムダは、これが仕事であるとの勘違いから生じている場合が多い。例えば床上での作業のために無理な姿勢を強いられているケース、物を取るのに振り向く動作、ビスやボルトの種類が多いために工具を持ち替える動作などはすべてムダな動作なのである。動作には必ず時間（工数）がかかっている。ものづくりは工数を短縮すれば原価低減になることは周知の通りである。そのためには動作を無くするか容易にしてやることである。楽な姿勢で作業が出来るようにすることが何より大切である。その対策として障害物、制約条件などの排除

（改善）を行い、理にかなった動作にすることである。

加工のムダ

　加工そのものムダとは、どうしても必要な加工という概念のまま行っている場合が多い。例えば従来の製法にのっとり、当たり前と思い込んでいる加工ステップや塗装回数、複数個所へのボルト締めなどがある。今では5面加工機で段替えなしに加工したり、ウェット塗装による乾燥工程を短縮したり、ボルト締めを嵌め込みに変えてボルトを減らしたり、本来の製法を変え、加工が不要になる工夫が多く見受けられるようになって来ている。

　加工そのものを減らすには、一朝一夕には出来ない。VE・VA※を勉強し、活用して、製品の機能や目的を見直すことから始めることが肝心である。

※　VA：Value Analysis（価値分析）、VE：Value Engineering（価値工学）　トヨタでは、現在ある物についてはVA、開発段階のものについてはVEとしている。

1-8 管理者は何を管理したらよいのか？

　多くの企業を訪問すると、職場の何を管理するのかが明確になっていない管理者が意外と多い。
　一般的に管理とは、組織の目的を効果的かつ能率的に達成するために組織そのものの維持や発展を図ることである。企業の目的を達成し、企業活動を円滑にするために行われる諸活動を指すと言われているが、具体的に作業現場では管理はどのように行うのかが分かりにくい。具体的に言えば、作業現場で生じる問題を未然に防止して円滑な業務運営をすることである。業務を円滑に運営するには（P）業務を計画し、（D）実施し、（C）確認反省し、（A）対策定着、のP-D-C-Aのサイクルを下図のように回すことである。
　管理には「日常管理」と「方針管理」がある。

(1) 日常管理

　「日常管理」は、職場において日常発生する問題を解決し未然に防止するための管理である。製造工程で発生する問題は、4M（人、物・材料、

管理とはP-D-C-A のサイクルを回すこと

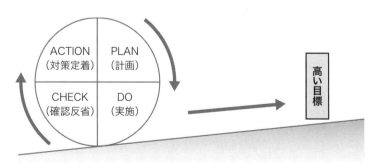

設備・機械、作業方法・工法）に「職場環境」を加えた五つの要因によって発生する。したがって、工程を安定させるにはこの五つの要因を管理することになる。

管理項目の決め方は要因系と結果系の両面から下表を参考に決める。

例えば、安全環境の管理項目は

結果系：(1) 災害ゼロ………管理資料は災害発生件数推移表
要因系：(1) 危険予知活動…管理資料は問題点摘出件数と対策件数
　　　　(2) 4S推進　………管理資料はチェックシート

品質、生産、原価、納期等の管理項目も同様に決める。管理項目を決めたら管理資料を結果系と要因系を次ページの図のように管理板に掲示する。

管理者は4M＋環境の変化を予知する力（予知能力）を持つことが必要となる。例えば、人、物、設備、工法が変わる時（変化点と呼んでいる）を事前にキャッチして対応を準備しておくことである。現場で起きる様々な出来事にアンテナを張って感度の高い情報を捉える事ができなければならない。そのためには異常が目で見て分かるようにしておかなければならない。

結果系＼要因系	人	物	設備	工法	環境
安全衛生問題	教育訓練 工数	受入検査 在庫管理	可動率 故障記録 定期点検	標準作業日程 進度	危険予知活動 整理 整頓
品質問題 　不良件数、手直し件数					
生産問題 　生産・稼動・実績	不具合、問題点の対策と効果確認				
原価問題 　加工工数、材料費					
納期問題 　納期遅れ件数					

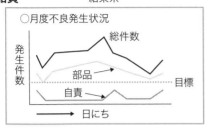

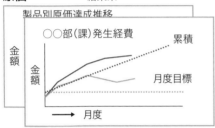

ステップ	手順	ポイント
第1	異常の発見 異常の定義を決める	異常発見の仕組み、道具だて (アンドン、ポカヨケ、限度見本、定位置停止)
第2	異常発生の連絡、報告 止める、呼ぶ、待つ	異常処置ルートをきめる。 上司へ第一報
第3	異常の確認 現地・現認・現物	即刻対応 失敗を叱らない
第4	異常の迅速な処置	その場の処置と恒久対策 修繕・修理・改良・メンテナンス基準など
第5	異常対策の確認	再発防止と横展開

　異常が目で見て分かるようになっていないと、何を管理しているのかが分からなくなる。「見える化」とは「目で見て分かる」ことで、その目的は、「管理を容易にする」ことである。製造工程以外の職場、管理間接部門については業務分掌により管理すべき業務は明確になるはずである。例えば、

• 営業部門であれば、受注量・金額の計画に対する実績、営業活動の計画

に対する実績など、推移表による「見える化」などである。
- 人事・総務部門であれば、人材育成（教育訓練）計画に対する実績、職層別ローテーション計画に対する実績、昇格・給与システム管理などである。

以上のように管理者は日常管理の項目を決めて日々業務の管理活動を行うことである。

(2)「方針管理」

「方針管理」とは、一般的には年度方針の管理を示す。「年度方針」とは年初に企業の進むべき方向を示したもので、昨年度の反省、時流などから本年度の重点取り組み事項を明確にしたものである。（下図参照）

例えば、
- 売り上げ目標、利益目標など
- 新製品開発目標（機能性能原価品質等）
- 企業体質強化策、生産性向上　　などである。

これらの重点取り組みを各職場に具体的な重点実施事項として設定し、各部署に割り付ける。各部署の管理者は、割り付けられた重点実施事項を達成するためのP-D-C-Aのサイクルを回すことになる。

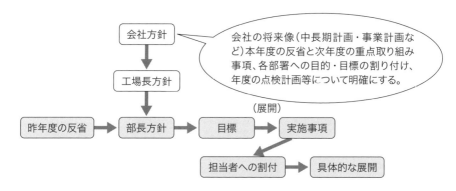

管理者は年度方針の重点実施事項を達せさせるため自職場のアクションプラン（下表参照）を立てることからはじまる。

　管理者はアクションプランにより実施事項の進度確認を行い、問題が生じた時は対応策を講じることになる。

(3) 職層別管理のあり方

　管理者にも係長、課長、次長、部長、と職層ごとに合わせた管理項目が設定されなければならない。イメージ図で描くと下図のようになる。

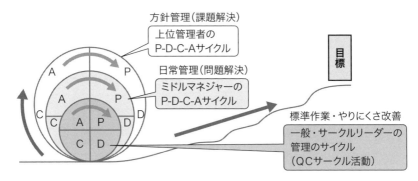

■○○年度方針　重点実施事項　アクションプラン

実施事項	目標	担当	月度					
1-1 稼動率向上								
1-2 稼動率向上								
…………								
…………								
2-1 品質向上								
2-2 標準作業レベルアップ								
…………								
…………								
3-1 原価低減								
3-2 在庫低減								
…………								
…………								

また下図に示すように上位職制は、方針管理に重点を置いた取り組みが重要である。

管理者は立場・持ち場によって管理項目が決まる。管理者は立場・持ち場で自分の役割を果たすために、下表に示すように自分の管理項目一覧表を作成し、確実に管理していることを示さなければならない。

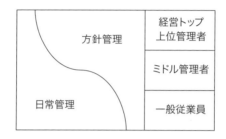

■管理項目一覧表

登録NO	管理項目	目標値（管理水準）	管理資料	管理者	担当者	頻度	資料の場所
Q-1	○○不良を無くす	発生件数ゼロ	推移表	A課長	B担当員	1/D	管理板
Q-2	…………						
Q-3	…………						
W-1	ライン可動率向上	95%以上	推移表	A課長	C係長	1/D	管理板
	…………						

1-9 「見える化」はなぜ必要か？

　最近、パソコンの画面で見られるようになっているので「見える化」されている、といった話をよく聞く。このような場合、現場に行ってみるとパソコンの画面と異なる現状に遭遇するのが常である。これでは「目で見る管理」が出来ているとは言えない。また、「見える化」と称して、掲示物や、表示物などに意味のないものをきれいに飾り付けて見せている場合等も見受けられる。これなども、単なる見世物の範疇(はんちゅう)で「目で見る管理」とは言えない。

　「見える化」とは「目で見る管理」のことで、現場に行けば、見ようとしなくても、その場で問題が目に飛び込んでくる状態を作り出す事である。

　「見える化」の基本は、何が正常で何が異常かを明確にすることにある。

　例えば、品質不良が発生したら赤ランプが点灯し機械が止まる。生産が遅れているか進んでいるかが掲示板に表示される。物の置き方が悪いとすぐ気がつくように所番地を表示する。区画線をひく。機械が正常か異常か表示される。などである。

　下の写真は「目で見る管理」代表のアンドンである。

・現在の可動状況は？
・今、どこの工程で、なぜ止まっているのか？などが目に飛びこんでくる。

1-9 「見える化」はなぜ必要か？

下図は異常が目で見てわかるように工夫した例である。

■限度見本

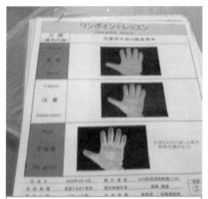

軍手の交換限度見本
緑色の枠は正常、黄色の枠は注意、
赤色の枠は異常（交換）

■生産管理板

生産管理板			
時間	計画	実績	差異理由
8〜9	50	46	欠品
9〜10	49	50	応援2名
…	…	…	…
残業	…	…	…
集計	…	…	…

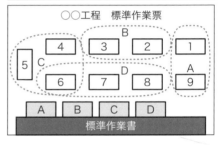

管理板による生産管理の「見える化」の例

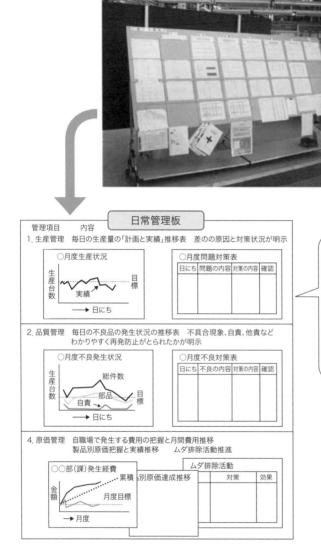

　以上のように「見える化」は現場管理の道具として大変重要である。

1-10 4Sは改善の入口であると言われる理由は？

　仕事は、探すことからはじまる。ある統計では、仕事の半分以上が探すことに時間を費やされているそうだ。原材料や部品を探すこともあれば、データや資料・名刺を探すことなどは、日常茶飯事的に行われているのではないだろうか。工具類も工具箱に入れたままでは、かき廻しながら探さなければならない。購入したはずの品物が見当たらず、二重発注したことはないだろうか？　また、いつかは使うからといって、いつまでも保存して職場を狭くしていることもよくあることではないだろうか。これらの問題を改善しようにも、すぐには出来ない。何故なら、改善の前にやるべきことをやっていないからである。最初にやるべきことをやらずして改善をはじめると、誤った方向に改善されたり、費用が予想以上にかかったり、改善した割には効果が少ないなどの結果に陥ってしまう。最悪の場合は改悪になってしまうこともある。

　最初にやるべきこととは4Sである。誰でもが知っている整理・整頓・清掃・清潔である。4つのSについての詳細は次のテーマで取り上げるとし、ここでは改善の前に4Sを実施する重要性について述べる。

　まずは整理である。古いもの、使わないもの、使えないもの、使用期限が過ぎたもの、単に後生大事に保管しているものなどは即刻処分し、必要なものだけを残す整理という作業を行なわなければならない。これらのものを保有したまま改善すると、切りがなくなるからである。

　次に行う作業が整頓である。必要なものが、探さずして取ったり、収納できるようにすることが整頓である。前者の整理と後者の整頓を2Sといい、4Sの中でも最も重要な作業である。この2Sを行うことで、職場の景色が変わるとさえ言われている。

　その次に行う作業が清掃である。職場や機械などの掃除をすることに

よって、どんなゴミや埃があるのか、機械などの油漏れやエア漏れがあるのか、異音や異臭が発しているのかなどが分かってくる。そして整理・整頓・清掃が行き届いた状態が清潔である。

このような状態を築き上げて、はじめて改善ができるようになるのである。整理した結果、必要なものは本当に必要なのか、いつ必要になるのか、在庫は多くないか、欠品にならないかなど改善がスタートできるようになる。整頓の方法にも改善ができるようになる。置き方はよいか、発注点は明確か、識別方法はよいか、取り易い高さか等々の改善に結びつけることができる。清掃の結果、床が汚れないようにするための改善とか、機械の故障対策などの改善点が見えてくるようになる。

このように、目的をもった改善をするためには、4Sをきちんと行うことが先決である。これが「4Sは改善の入り口である」と言われる所以である。

4Sが終わった時点で改善が終わった訳ではない。これからやっと改善のスタートラインに着いたことを肝に銘じて頂きたい。

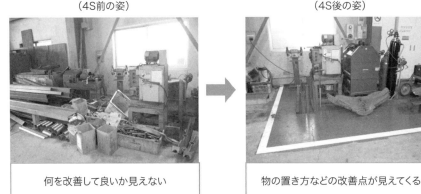

（4S前の姿）　　　　　　　　　　　　（4S後の姿）

何を改善して良いか見えない　　　　物の置き方などの改善点が見えてくる

1-11 4Sの4つのSとはなにか

　4Sの4つのSは、整理（SEIRI）・整頓（SEITON）・清掃（SEISOU）・清潔（SEIKETSU）の頭文字のSをとって「4S」という。これに躾（SITSUKE）を入れて、5Sとしている企業も多いが、ここでは4Sが実施されていること自体が躾の証であるので、敢えて躾は追加せず、従来からの4Sとして取上げることにする。4Sは現場管理の基本であることはトヨタ生産方式に限らず、多くの書籍で語られているので、ここでは復習の意味を兼ねて、簡単に取り上げることにする。

■ 4S の定義とめざす姿

	定義	めざす姿
整理	必要な物と不要な物を区別し不要な物を処分すること	・不要・不急品の撤廃 ・保管の場合は責任者と期限の明確化 ・使用限度見本の明確化
整頓	必要な物を、必要な時に、必要な量だけ容易に取れるように、所・番地を定め並べて置くこと	・探す作業の排除 ・ワンタッチでの取出し、収納が可能
清掃	現場で技能員が仕事をやり易く、かつ安全に作業や歩行に支障が無いようにきれいにすること。	・清掃しながら設備点検が行われていること。 ・汚れの発生源対策を行い、清掃しなくて済む状態を構築すること。
清潔	整理・整頓・清掃の良い状態を維持すること。	・4Sチェックシートに基づき、維持され、目で見て異常の分かる職場になっていること。 ・身だしなみは勿論、非定常作業も含めて、安全、衛生、環境の管理ができていること。 ・標準を定期的に見直しすること。

整理の例（不急品の一時保管）

整頓の例（鋼材の配置マップ）

1-12 4Sの本当の目的はなにか

　4S活動が低迷して行く要因の一つに、4Sの重要性を理解されていないことが上げられる。トヨタでは、前述した通り4Sは改善の入り口であるという位置付けを重要視している。何故なら、4Sをして職場をきれいにするのが最終目的ではなく、そこから先にある改善をするのが目的だからである。そして改善に改善を重ね、目指す究極の姿は4Sをしなくてもよい職場を形成することと言える。

　4Sをしなくてもよい職場とはどういうことか、4Sの定義と目指す姿をもう一度振りかえって欲しい。職場内には不要・不急品がなく、必要なものは探さずにしてすぐ取ることができ、清掃も必要のないクリーンな作業環境が維持されている職場である。このようなあるべき姿を目指して、改善活動を繰り返すことになる。この時大事なのは4Sを含めた標準を守り、維持することである。標準を維持することによって、標準の状態を正常として、現状と比較し、悪さをすぐ発見できるからである。例えば通路に物が溢れ出ている場合、標準よりも多く発注したか多く生産をした結果が異常となって分かるようになる。また、物や作業台の定位置が決まっていれば、自分の作業の動線がいかに長いかが誰にも理解できるようになる。このように4Sを実施すれば異常や問題点を浮き上がらせ、目で分かる状態になる。従って改善の対象が明確であり、迅速な対応が可能となるので、4Sは大変重要な位置づけとなっているのである。

　4Sは何のためにやるのか。それはみんなの仕事を『楽に・早く・安く・安全に』やるための改善点を浮き彫りにするためである。

その他の目的も含めて整理すると下記の通りである。
(1) 改善するためのベースをつくる
(2) 正常・異常がすぐ目で見て判る状態にする
(3) 安全で働き易い職場をつくる
(4) 顧客からの信頼を得る

毎日、掃除を繰り返していた装置が、掃除をしなくても済む改善事例を紹介する。

ゴミブツの付着を嫌う基板を送るのに、一般的なコロコンを使用していた。しかし時々ゴミブツの付着があったので、毎日のようにコロコンを掃除していた。なぜゴミが付着するのかを考えた時に、コロの幅が広いからゴミブツが落下しないでコロの表面に付着していることに気が付いた（改善前）。そこでコロの形をソロバン球のような形状にしてゴミブツが落下するようにした。かつ、製品との接触面積も極端に減らせる効果と相まって、コロの清掃は週1回まで減らすことができた（改善後）。

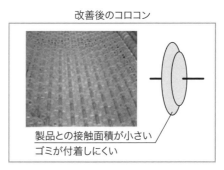

改善前のコロコン　　　　　改善後のコロコン

製品との接触面積が大きい　製品との接触面積が小さい
ゴミが付着しやすい　　　　ゴミが付着しにくい

1-13 作業域と通路を明確にするメリットはなにか

　古い街並みや街道を訪れると、道が狭く曲がりくねっていて、車も渋滞し易い。特に住民の通学や買い物は、車との接触事故と隣り合わせの危険な状態だ。
　昔は敵を迎え撃つための策だったのが、時代が変わるに従って不便になり、バイパス道路が建設されてきた経緯は皆さんご存知の通りである。日本中に高速道路が伸び、経済の発展に貢献した実績は計り知れない。また、東日本大震災や熊本地震での救済の遅れは、道路の寸断である。道路の重要性は誰もが知っている。自分達の工場に目を向けてみよう。通路は確保されているか。毎日の仕事に不便を感じていないか。不便を感じているとすれば、それは作業域優先にレイアウトされているからではないだろうか。
　特に狭い工場では、作業域と通路がお互い主張し合って、なかなか折り合いがつかない場合もある。従って通路も作業域も明示しないケースが多い。そのため作業域が優先となって、つい広々と使い、通路の機能をないがしろにしている場合が多い。物の運搬通路が確保されていないと、まともに歩けない。まともに、とは運搬のムダに動作のムダを掛け合わせた二重のムダを生じさせているということである。通路は人間の体で言えば大動脈だ。これが詰まれば大問題になるのは工場でも同じである。作業内容を調査すれば、広々とした面積を使う必要がある特定の作業は、意外と少ないのではないだろうか。そのような仕事を基準として作業域の設定をするのではなく、常に実施している作業を基準にスペースを設定すべある。このような少スペース作業域を確保してまずは通路を決めるべきである。
　特定の作業時は、その時だけ通路使用中の看板を立て一時通行止めを行うとよい。通路が確保されていないと、何をするにも余分な工数がかかる

ものである。

　逆に広い工場での問題は、広く使ってしまう一種の病気がある。作業域も通路も広く設定し、むやみに動線を長くしたり、助け合いをやり難くしたりする傾向にある。一見きれいに区分されているようだが、広々と設定したためのムダはすぐには見えない。トヨタのような大企業でさえ、生産量が減少した時は何でも半分にするキャンペーンに取組んでいることもある。スペースもその一つである。生産量が減少した時は、今まで散在していた工程を集約し、使用スペースの半減に取組んでいる。設備を集約すれば、多台持ちや助け合いによる省人化が可能になるからである。

　通路と作業域は、一度設定したら不変とするのではなく、生産量や内容によっていつでも必要十分条件となるよう、改善の対称とすべきである。ただし、通路は出来るだけ直線で、少し広く設定するように改善を進めるべきである。

（改善前…歩行帯無し）　　　　　　（改善後…歩行帯有り）

1-14 所番地を明確にするメリットは

　一般に言われている所番地とは、場所を示す時に使用されており、誰でも指定された場所に辿り着くことができるように設定してある。

　郵便物を例にすると、住所（所と番地）と氏名が書いてあると必ずそこへ届ようになっている。ところが住所だけで届くだろうか？　また氏名だけで届くだろうか？　どちらも返信されて戻って来る。

　確実に届けるためには、住所と氏名の両方が記入されていなければならない。

　工場内もこれと全く同じようなことが考えられ、材料や製品が納入された時、どこに持って行けばいいのか、どこに置けばいいのかが分からない。その結果、納品物を探すようなムダな作業が発生してしまうことになる。いつものベテランが受取るから問題はないと中小企業の経営者が言われることがあるが、果たしてベテランは会社を休んだり、定年退職はないのだろうかと疑問が残る。

　基本的な考え方は、ベテランだけではなく、パートや新人でもできるようにしておくのが理想である。つまり物の収容や取出しは誰でもやれる状態にして置かなければならない。特に棚卸作業は全員でカウントする訳だから、全員が物の収容標準を知らなければならない。

　そのために行う標準が所番地であり、「どこに」「なにを」「いくつ」という3定（定位・定品・定量）を明確にする標準である。3定とは

　　定置……置き場を決めること

　　定品……決まったものをおくこと

　　定量……決まった量だけをおくこと

のことで、物の置き方の標準を決めるときの3要素である。

　3定による正常な状態が分かれば、異常の判断が目で見て誰でもできる

ようになり、維持管理が可能となる。この維持管理が可能となることが最大のメリットである。指定の数量以上に保管されれば場所もはみ出し、過剰在庫であることが誰でも分かる。逆に物が少な過ぎる場合は、欠品が懸念される。このように所番地で3定を明確にすることが、在庫管理の第一歩になる。次に大きなメリットは、棚卸でのカウント時間の大幅短縮である。A社では、半日も生産を止めて行っていた棚卸が、所番地の徹底により、2時間程度で終わるようになった。所番地の徹底によるメリットを整理すると、下記の通りである。

(1) 異常が目ですぐ判る
(2) 日常の在庫管理が楽にできる
(3) 定期的な棚卸が短時間でできる
(4) ベテランに限らず誰でも管理可能になる
(5) 日常の仕事に潜む「探す」というムダがなくなる

（工場内の所番地表示）

（部品棚と所番地）

1-15 4Sはどうしたら定着するか

多くの企業で4Sのポスターが掲示されているのを見かける。中には4Sの定義もきちんと表示されたものもある。特に掲示されていない企業も含めて、4Sの大切さは知っている。それでも4Sがなかなか徹底されずに悩んでいる企業が多い。特に中小企業に多いようであるが、何故だろうか。どうしたら定着するのかについて述べる。

まず、定着させるために最も大切なことは、トップの拘りである。
トヨタでは、標準作業と安全が確保されないと、作業の許可を上司は出さない仕組みになっている。もちろん上司は、現地現物の確認をして許可を出す訳だから、最初に目につく4Sが乱れている状態では許可は出さない。日程上の制約もあり、業務開始は延期できないので、実施する側も徹底して実施するようになる。更に上司は、問題点も指摘するが、必ず数日後には確認しに来る徹底ぶりである。このような習慣が文化になって、全員が自然と4Sが身に付いていくのである。トヨタの上司は経営者までもが、言ったら必ず確認しに来る。4Sの徹底も同じで、やると決めたら掛け声やポスターだけに留まらず、トップは現場を定期的に見て回ることである。

二つ目は、4Sの重要性を理解・納得させることである。
上司が見に来るから4Sをやるのではない。自分の仕事を『楽に早く安全に』できるようにする目的で行うことを説明し、理解させることが4Sを定着させる大事な行為である。人間は生活のためだけでなく、会社を通して社会の役に立ちたいという良い欲求を持っている。性善説という。このような人達に毎日、ムダの多い非生産性的な仕事をさせていて良いもの

だろうか。トヨタ生産方式では『人間性』を尊び、ムダが多い非生産性的な仕事を排除する考えがある。その行為の入口が4Sである。

4Sをすることによって、初期のムダが省け、人間性のある仕事に近づくという考えである。そして4Sを実施した状態を仮標準として、改善がスタートできることを前述した。4Sは改善の入口である重要性を説明し、理解すれば、人間は自主的に取組んで行く心を持っている。上司は部下の性善説を信じ、人間性のある仕事をさせることである。

三つ目は全員参加で取組む仕組みを作ることである。

4Sは全員参加を基本とし、曜日や時間を決めて一斉に実施することが基本である。工場や事務所がきれいな会社はどこも一斉に実施している。自主的4Sはどうしても後手に回ってしまうことが多く、先手で実施するには全員が一斉に行う仕組みの方が功を奏する。4Sの日を決めて、一斉に全員が一定の時間で行えば不公平感がなく、全員で取り組みやすくなる。4Sだけに、少なくとも毎月4が付く日は全員が一斉に実施して貰いたいものである。4Sマップによる区分を明確にし、共有スペースは当番制で明確にしておく。そして各エリアの責任者や当番者名を明記し、責任を持たせることによって、緊張感のある4Sを仕掛けることが上司の役割でもある。

四つ目は、マンネリ感とやらされ感を払拭することである。

4Sが定着出来ない最大の障害がマンネリ感とやらされ感であると言われている。4Sの重要性を理解できていない人もいるかも知れないが、マンネリ感とやらされ感は払拭する努力をしなければならない。

まずマンネリ感を払拭するには、4つのSの一つを強調する月間を設けるとよい。例えば、今月は整理強調月間とし、来月は整頓強調月間とするようなことである。更に全国展開される安全強調月間などに歩調を合わせて、通路はみ出し禁止月間などを設定するのもよい。ある大手の企業で

は、年間を通じて奥の院ピカピカ運動なることを展開していた。普段手の届かない箇所をきれいにする4S活動だ。

　是非皆さんの会社でも取り上げてみてはどうだろうか。

　次は、やらされ感の払拭である。

　マンネリ感はなくなっても、上意下達ではやらされ感が残る。やらされ感を払拭するには、表彰制度を設けて表彰してやることが大切である。まさに山本五十六元帥の名言「やってみせ、言って聞かせて、させて見て、誉めてやらねば、人は動かじ」の後半部分に当る。「誉めてやらねば、人は動かじ」とは、表彰し業績を称えてやれば人は自ずと動くという意味である。前述した4Sの重要性を理解して自主的に継続して行動するには、表彰という制度は欠かせない。トヨタには品質が主体だが、『よく発見してくれたで賞』という賞があり、年に一度、トヨタの社長室で表彰される。4Sでも社長賞を設定している会社があるが、年間を通して社長賞を貰えることは大変名誉なことである。このような賞を設けて表彰する制度があれば、人はやらされ感ではなく、自ずと動くものである。

第 2 章

品質について知っておきたいこと

2-1 品質とはなにか

品質の定義について、ISOとJISでは下記のようになっている。

* ISO9000では
『本来備わっている特性の集まりが要求事項を満たす程度』
* JISでは
『品物またはサービスが、使用目的を満たしているかどうかを決定するための評価の対象となる固有の性質・性能の全体』

　何を言わんとしているのか、すぐには理解しがたい表現になっているが、品質とは購入した製品・商品が顧客の要求を満たしているか、あるいは期待通りであったかどうかの尺度ではないだろうか。
　品質が重要視されてきたのは終戦直後からである。日本が戦後の復興を遂げるためには、欧米に勝る品質を持った製品の生産と輸出に頼る他なかったからである。そして見事に復興し、今日に至っている歴史は誰もが知っている。戦後の復興に成功し経済が急上昇した頃の品質は、3σ（シグマ）を目指すのが常識だった。これは1,000個造っても不良は3個以下しか出ない工程能力（不具合を出さない能力）を持つ工場のことで、当時のベンチマークでもあった。その後、特に半導体業界は、6σがベンチマークとなった。6σとは100万個造っても不良は3、4個しか発生しない確率を言い、半導体メーカーは競って6σの思想を取り入れたのである。その結果、日本の半導体を使ったMade in Japan即ち家電製品、テレビ、自動車、カメラなどは世界のトップブランド品となったのである。もちろん製品だけではない。高品質製品を大量生産するラインや工場管理も高度化させていったことによって、あらゆる工業製品の高品質化が実現したの

である。さらに近年では、安心・安全な農産物もMade in Japanのブランドで世界中に輸出されている。

　昨今では、中国からの観光客が爆買いするニュースがよく報じられているが、Made in Japanの品質であれば間違いなく満足するので、大量に購入して帰国するようになったのである。一方、2020年東京オリンピック誘致の際に話題になったのが"おもてなし"という無形の品質である。言い換えればサービスの品質もMade in Japanは最高ですよとPRしたのである。このように考えると前述したJISの品質定義が、製品とサービスを対象にしていることからも理解しやすいのではないだろうか。

　一般的に品質というものを図解で表わすと次のようになる。

品質には、狭義の意味と広義の意味がある。

　狭義の意味での品質とは製品品質を言い、製品品質は更にねらいの品質を定めた設計品質と、出来栄え品質を保証する製造品質とに分けられる。前述した3σまたは6σは製造品質を保証する要件となるものである。

　広義の品質とは製品品質に加えて、サービス品質即ち価格や納期、アフターサービスの保証も含めた品質を言う。更にトヨタでは広義の意味として強調しているのが、『これらの品質を生みだす仕事のプロセスの質』こそ品質の定義だとしていることである。

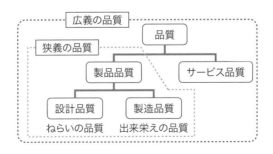

3σや6σは統計的な品質管理用語であり、例え3σの能力を持った工場でも、1,000台生産した内の3台が不良品として流出し、その中の1台を購入した顧客は不良品を買わされたことになる。不良品を買わされた顧客には統計だろうが確率だろうが関係ない。多大な迷惑を掛けることになるので、トヨタでは出荷不良はゼロ、即ち「お客様第一」主義の品質概念を持つようになったである。そして全従業員に「何万台造ろうが、お客様にとっては購入したその1台がすべてである」と品質に対する重要性を浸透させていったのである。
　トヨタには、豊田佐吉翁の遺訓が残っている。

「十分な商品テストを行うにあらずんば、真価を世に問うべからず」

　これは製品品質とは何かを物語ったものである。
　また、トヨタ自動車創業者の豊田喜一郎氏は創業時の理念として次のことを掲げている。

「製品の品質と業務の運営を監査し、これを改善する」

　これは広義の品質とは何ぞやを物語るものである。
　このようにトヨタの創業当時からの歴史に触れてみると、品質とは何かと問われたら、会社の信頼・信用を構築する基盤であると答えれば、間違いはない。

2-2 品質を良くすれば『原価低減』になると言うが本当か？

　製品品質には、設計品質と製造品質の二つがある。

　設計品質は狙いの品質であり、例えば高級車を設計するのかあるいは軽自動車を設計するのかでは、当然狙いの品質は異なる。従って、設計品質については、狙いの品質が高いほど原価が上がるのは当然である。

　一方製造品質は、狙いの品質が決まった後に、主として工場側で造りこむ品質のことである。従って、製造品質は「失敗コスト＝品質不良を無くせば、製造原価は下がり原価低減」に結びつくことになる。

　一般的に品質不良・不具合は、市場クレーム、工程内品質不良、出荷検査での品質不良、仕入先からの納入不良等に分類されるが、一旦品質不良が発生すると、選別からはじまり、原因の調査・対策は勿論、場合によっては再生産へと被害＝製造原価が大きく嵩むことになる。言い換えると品質不良がなければムダな原価を掛けずに済んだ訳である。手直しも原価を上げている要因なので、無くせば製造原価が下がると言うことである。

　私どもが、某企業を指導訪問した際、得意先へ不良の流出が止まらない状況を現場で見ていた社長が、「検査は何を確認しているのか」と検査の職制を叱っていた。職制は「ダブルチェックを実施します」と回答を言ってその場を立ち去って行った。社長は、不良品を流してしまった製造責任者に確認すべきところを、検査の職制に確認し叱っていた。このように社長が不良は検査工程で止めるものと思っていたのでは、再発防止を図ることは出来ないし、チェックの数を増やす事によって原価を上げる原因の一つでもある。

　「工程で品質を造り込む」という、源流工程の保証精度を上げる「源流対策」が原価を下げる決め手であることを改めて社長に説明したものである。

下図は検査工程で不良が発見されると多くのムダ＝原価が掛かる事例である。

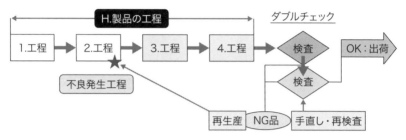

これだけのコストアップが発生
　☆ダブルチェックのムダ
　☆不良品の一時停滞・滞留のムダ
　☆検査後の手直し、再生産のムダ
　☆選別・先頭号車の把握ムダ

2-3 後工程はお客様って何のこと？

　一般的にお客様とは、お金を出して商品やサービスを買ってくれる不特定多数の消費者、もしくは特定の企業のことである。全ての商品やサービスの提供者は、お客様の要求に応えるべく品質の確保と保証に問題がないように、生産と品質の管理を日々重点的に実施している。なぜなら、お客様を失うことは企業の滅亡に繋がるからである。更にお客様からの苦情や不満、称賛や感謝の意によって企業は成長する訳だから"お客様は神様です"と言われる所以である。

　"お客様は神様です"では具体性に欠けるので、各企業内ではCS向上とか品質第一或いはお客様第一というようなキャッチフレーズで、お客様には絶対迷惑を掛けないことを全従業員に徹底させているのである。

　ところがこれらのキャッチフレーズを全社員はどのように捉えているのか、大変疑問が残るところである。お客様に保証するのは品質保証部や検査部門であり、生産工程のごく一部を担当している作業者や事務員にはお客様第一なんて関係ないと思っている従業員が多いのではないだろうか。確かに作業者や事務員へ、直接お客様から不平不満が届く訳ではないの

73

会社を離れれば、
私もお客様

で、なかなか実感が湧いて来ないのではないか。そのような作業者や事務員も帰宅すれば逆の立場であるお客様になるので、お客様に不良品を売ってはならないことは誰でも知っているのである。

　会社で仕事をしていて、前工程から計算ミスがあった資料や取付けミスがあった製品が送られて来たらどうだろうか。前工程の人のミスを黙ってカバーするか？　そのようなミスが何度も再発して来るならどうするか？　少なくとも前工程の人に苦情を訴え、改善するように依頼するのではないだろうか。この行動はお客様が販売店へ苦情やクレームを訴えるのと全く同じ行動なのである。つまり企業内にも提供者（前工程）とお客様（後工程）が存在しているのである。自分の作った資料や製品を次の工程で問題なく使ってくれるから自分の給料がもらえる訳で、ミスばかりしていたら後工程から苦情と共に激怒される。お客様には絶対迷惑をかけてはならぬと知りつつも、社内の後工程は同じ従業員としか思わない心がミスを再発させてしまっている。このような心の油断を断ち切る考えが、後工程はお客様という概念を生んだのである。

　後工程とは次の工程だけではない。
　例えば自動車生産では、まずはプレス品を造る。プレス品の良し悪しは次の車体組付け精度に影響するだけではない。プレス品のエッジにバリが

あれば塗装工程でのシール作業にも影響するし、最後は購入者が洗車をした時に手を切るかも知れない。このように考えると、後工程とは次の工程から商品の購入者までのすべてを指すことになる。

　トヨタでは元々、生産・販売過程を重要視した品質保証や生産の考え方が社風の一つになっている。不良品は造らぬ・送らぬの精神で長年品質の向上に邁進してきているので、後工程はお客様という思考も自然に取り入れられ発展させているのである。

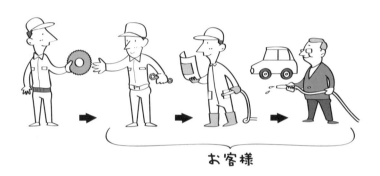

2-4 なぜ品質管理が必要なのか

　終戦後の日本と欧米諸国の企業間の格差が大きく、欧米に追い付くために、品質が絶対条件とされていた。1950年（昭和34年）アメリカの「デミング博士」によって、日本に普及・導入がされ、多くの企業が「デミング手法、品質管理」という考え方の習得を図り、品質が今日の日本経済発展・企業基盤の体質・体制を強固なものとし、日本の製品・商品の良さを構築したと言われている。

　一般的に、お客様が満足する良い品質とは、お客様が決めるものと認識している。

　従って、お客様の要求・満足度を確保するには、お客様が何を期待しているかその目線に立ってのものづくりが大切であり、お客様に不満を与えず時流に合った物で、また買いたくなる商品づくりが求められる。

　下図で示す「魅力ある品質」がそれに相当するもので、お客様に感動を与えることが重要であり、「品質第一」の考えのもと品質を保証するための仕組みとして、品質を管理することが大切となる。

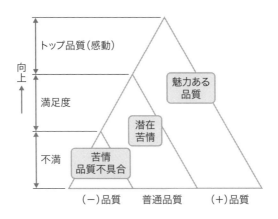

2-4 なぜ品質管理が必要なのか

　管理（Control）とは、決めたことを（取り決め・ルール）守り、維持させることである。野球のピッチャーの投球を見て、「このピッチャーは、コントロールが良い」と言う言葉を聞いたことがあると思うが、これは、キャッチャーの構えた所に、「正確に」投げられることを言う。

　仕事でも同様で、いかに取り決めた通りに行うか・常に規格の中に収めるかなど質への要求に、「コントロール」＝管理することが、不良を造らないための手段として重要となっている。

　すなわち品質目標を達成させるためには、デミングサークルと呼ばれるP・D・C・Aの4ステップによる管理のサイクルをしっかり回すことによって、現状品質レベルの維持と改善が図れ、お客様満足度の向上に繋がるのである。私どもが支援活動を行っている全ての企業は、品質向上に向って積極的な取組みを行っている。しかし、P（計画）・D（実行）までは十分行われていても、C（評価）・A（処置・改善）が不足しているケースが見受けられる。特に品質不良への対策は、同じ不具合を二度と出さない再発防止が重要であり、評価結果からさらに改善を行い、管理のサイクルを次のP（計画）へ繋げることが必要である。

　資源に乏しい日本の将来は、ものづくり再強化にかかっている。しかし昨今の品質に関する企業の不祥事は、嘆かわしいことである。今こそ品質管理の原点に帰らなければならない時ではないだろうか。例えば、トヨタ自動車が品質管理を企業イメージとして世界に確立した背景には、トヨタ生産方式の原理に拘り、愚直に正直に品質管理のサイクルを回してきたことと無縁ではないと。

　まさに「品質＝会社の信頼・信用を構築するもと」である。

2-5 自動化と自働化はなにが違うか

　『自動化』とは、人の作業を機械が自動で行うことであり、スイッチを入れた後は、所定のプログラムに沿って加工を終えるまで自動で動き続ける。例えば幅1mで20mの布を織るように設定された機械は、スイッチを入れたら20m織り終えるまで止まらず、途中で糸が切れようが織り続ける。その結果、不良品の山を築くことになる。それでは仕事にならないので、糸が切れたら機械を止める監視役の作業者が必要となる。監視人が必要な自動機なんて、と思うかも知れないが、今でも非常に多い。例えば、1秒間に何個も造る製缶ラインを流れる缶のチェック、印刷機内を高速で流れる印刷物のチェック、あるいは包装ラインを猛スピードで流れる製品をチェックし、異常があったら機械を止める監視人を付けている企業は意外と多い。

　一方トヨタでは、加工中の製品に異常があったら機械を止める思想のことを『ニンベンのある自働化』と呼んでいる。事の発端は、初期の自動織機は糸が途中で切れても生産し続け、不良品を造っていたので、糸が切れたら自動的に機械が停止する機能を追加した。これがトヨタ式自動織機で、豊田佐吉翁の発明により全世界に広まった。このようにニンベンのある自働化は止める思想なのである。一見ネガティブな思想のように思えるが、不良を造るムダを考えれば、異常があったその時に生産を止める方がよほどスマートな思考である。この自働化の考え方はトヨタ生産方式2本柱の1本になっていて、ものづくりの基本中の基本となっている。自働化した場合の最大の利点は監視の必要性がないので、機械のスイッチを押したら作業者はすぐにその機械から離れて、別の仕事に着手出来ることである。

　つまり多台持ち作業が出来ることである。当然原価も大幅に下げることが可能になる。また、自働化は機械を停止させることだけの思想ではな

い。手作業ラインでもセル作業でも異常があったら作業を止め、ラインを停止させれば自働化の思想になる。そしてその場に関係者を呼び、問題を確認して復元させ、再度作業を開始する仕組みもりっぱな自働化の思想である。

　トヨタでは作業者にはラインを止めろと言い聞かせ、管理者にはラインを止めるなと言う。異常があったらラインを止めさせるが、同じ問題でラインを止めないように、再発防止をしっかりやれと言う意味である。不良が発生しても生産を続けていると、いつどこでどんな原因で不良が発生したのか追求が困難になる。それより不良が発生したその時に止まってくれれば、その原因はすぐ発見でき、真の対策も取り易く再発防止が確実になる。自動化と自働化の違いについて分かり易く表にまとめたので、是非参考にしてもらいたい。

　ものすごいスピードで通り過ぎて行く印刷や包装製品を監視する作業は、いくら動体視力の良い人でも30分と耐えられないだろう。今はいろいろな機能を持ったセンサーが安く入手できるようになった。自働化を取り入れて監視作業から人間を解放しよう。

自動化	自働化
・誰かがスイッチを切らない限り動き続ける	・異常があったら機械自身が判断して止まる
・省力化（監視人が必要）	・省人化（監視人は不要）
・不良の発見が遅れる	・不良が出ない
・機械や型治具部を壊す	・設備破損を未然に防止する
・原因の追求が複雑で真の再発防止に繋がり難い	・問題が明確で再発防止を確実に実施できる

　次ページの図は、某水産加工会社におけるかまぼこの原料である魚のすり身を造る工程を示す。工程概要は次の通りである。

　前処理された魚肉を指定量で練り機に投入し、魚肉をミンチ状にする。次の工程ではミンチ状の魚肉を設定重量にて袋詰めを行っている。

【改善前】

練り機へ投入する重量も、袋詰めする重量も、設定重量になっても機械を止める機能がないので、作業者は絶えず秤を見続けながらのトレイや袋の入れ替え作業を行っていた。

【改善後】

秤から機械へ指定重量になったときに、機械を停止させる信号を出すようにした。

これにより、秤を見続けるムダな監視作業から解放され、前後の工程を掛け持ち出来るようになった。その結果、2人での作業が1人で出来るようになった。

また、機械が止まった時には、作業者へ知らせるブザーも設置したので、機械の可動率低下防止にも役立った。

改善前

改善後

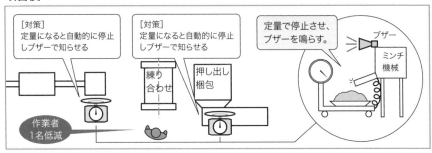

2-6 品質管理はどう進めたらよいか

　会社において品質管理すなわち良い商品を造ろうとする活動は、現場を中心に全社で顧客満足の視点に立ち目標を決めて継続した品質保証の取り組み（PDCAを回した取り組み）を行うことである。

　最初に手掛けることは、将来はこの様な状態にしたいという「あるべき姿」を明確にすることで、現状とのアセスメントを行いそのギャップを明らかにする。

　次は自分たちの進むべき道を決め、今年度達成させる品質目標を明確にしてそれに向けた活動を展開して行く。

　具体的に商品（製品）の品質保証には、企画部門や開発部門などが魅力

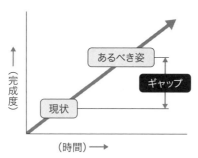

No	品質の分類	内　容	目標
1	工程内品質	生産工程での品質	〇〇
2	出荷品質	商品（製品）の出荷時の品質	〇〇
3	基本品質	商品（製品）の使用環境に応じた品質の基準	〇〇
4	初期品質	お客様が使い始めた初期過程の品質	〇〇
5	経年品質	保証期間の信頼性（品質）を確保	〇〇
6	耐久品質	お客様が、長期間使用する過程での、信頼性（品質）を確保	〇〇

ある商品にするために定める「狙いの品質」と、工場部門や製造部門が決める「見栄えの品質」がある。

前者は、商品※の機能・性能・魅力面などを中心に設定されるもので、前ページの分類表のNo３・５・６などである。

後者は、各工程での品質保証項目や製品のバラツキ範囲・外観の見栄え・出来栄えなど同表のNo１・２・４を中心に、最終的には全てが保証されるものである。

では、品質を保証すべき事項が決まったら実際にどの様に管理して行くのか。

現場で品質管理を実施していく中、最も頻繁に発生するのは不良への対策であり、現場の管理監督者にとっては、この不良対策をいかに行うか、品質向上・改善をいかに行うかが重要な業務である。

不良発生の原因は多数の場合もあるが、それは不良へ何らかの影響を与えている項目であり、大きく影響する「真因」と言われる原因は意外と少ない。

この様に不良（問題点）内容を明確にして、その真因を対策して行く一般的な管理手法が統計的品質管理（SQC：Statistical Quality Control）と呼ばれるもので、具体的には「QC7つ道具」と呼ばれる技法（別図-特性要因図・パレート図・管理図・ヒストグラム・散布図・グラフ・チェックシート）である。

①特性要因図…………不良要因をブレーンストーミングなどで多くの意見を取り入れた検討を行い、影響度の大きい要因を明確にする技法。
②パレート図…………原因や現象など層別して大きさの順に並べ、問題点に対して何が重要な項目を明らかにする技法。

※　商品：売り買いを通して顧客に渡るもの、製品：製造されたもの・製造されているもの（商品に含まれる）

③管理図……………生産工程に異常が発生していないかを判断し、平均値やバラツキを診断し、工程の状態を見るための技法。
④ヒストグラム………取得したデータの分布（歪・離れ小島・ふた山など）を確認し、分布のバラツキ・中心・片寄り・工程能力を調べる技法。
⑤散布図……………二つのデータの間にどんな関係があるのか特性の傾向（相関関係）を見るための技法。
⑥グラフ……………データの解析をする上でグラフ化（棒・折れ線・円グラフなど）し、目で見て分かり易くする技法。
⑦チェックシート……測定したデータを分類や項目別に、分布や出現状況を把握し見易く整理することで問題点を明らかにする技法。

　活用に当たっては、生産する製品や生産方法・工程の特徴を考慮し、目的に合った手法を選択し、図示化した結果から、何を読み取ってそこから何を見いだすかが重要なこととなる。

　しかしこれらの道具は、工程の現状を解析して明らかにするための手段に過ぎない。
　結果から対策案を決め実行し確認し処置をして行く、PDCA（Plan・Do・Check・Action）の「管理のサイクル」を回して行く必要がある。
　この様に、あるべき姿に向けた計画を立て品質管理を進めることで、品質が保証され顧客満足度の向上が図れる。
　そのためにも、トップの定期的な点検と、現場の管理監督者のQCサークル活動なども含めた継続性のある品質向上活動が不可欠である。

■ QC 7つ道具

呼び方	図	説明・特徴
特性要因図		・特性（結果）に影響を及ぼすと思われる要因（原因）をすべて洗い出し、中骨・小骨に整理し解析する。 ・影響が大きいと思われる要因について、対策を進める。
パレート図		・不良件数などを、原因や項目別に層別して大きさの順に並べ比率を示し、問題点の大きさが分かる様にする。 ・最も大きいと項目から検討と対策を進める。
管理図		・日常の管理として工程を安定状態や異常の発生有無を、推移表で確認し問題点を客観的に捉える。 ・不安定となっている原因や、異常発生の原因について検討と対策を進める。
ヒストグラム		・データの分布する範囲をいくつかの区間に分け度数表を作り、データのバラツキについて一目で分かる様にする。 ・規格を外れた場合には、対策を進める。
散布図		・2種類のデータにおける関係を調べるため、一方をヨコ軸に他方をタテ軸にデータの相関関係を一目で分かる様にする。 ・解析結果から、対策案を検討し対策を進める。
グラフ		・数値を図形化して大きさを比較したり、状態などを視覚化し分かり易くすることで問題点を明らかにする。 ・図形化の結果から、対策案を検討し対策を進める。
チェックシート		・日々の状況をデータ化して記録し、製品や設備の状況としてまとめる。チェックシートには決まったフォームは無いが、層別を考慮し記入し易い形が良い。 ・問題点発生時などの解析資料とする。

2-7 ヒューマンエラーを減らすには

　人はミスを起こさない様に真剣に仕事に取り組んでいるにも関わらず、いろいろな事情からヒューマンエラーが発生する。機械や道具などの誤動作を除けば、ミスの大半は人間に起因したものである。
　したがって職場でのヒューマンエラーを減らすには、人間はミスを犯すものとの考えにもとづいての対策が必要であり、人への対策だけにとどまらず設備・機械や作業環境など、人間を取り巻くすべての要素をひっくるめて対策を考えていく必要がある。まさに、「人を責めずに、仕組みや仕事のやらせ方を責める」である。

　職場で発生した作業ミスの考えられる原因を列挙してみると、次の様な内容が挙げられる。

- 先入観、思い込みにとらわれた。
- 複数の作業を同時に行なっていた。
- 動作が習慣化していた。
- 作業がやり難かった。
- 大事なことを優先させた。
- 責任が分散していた。
- 作業項目が多過ぎた。
- 作業途中で休憩タイムになったため。
- 外観が似ていた。帳票が間違い易かった。
- 心離れをしていた、体調が悪かった。
- 集中力が低下していた。
- 急いでおり、焦った。
- 整理・整頓が悪かった。
- ルールを守らなかった。
- 自己の技術技能が不足していた。
- 自己過信していた。などなど。

　これらの原因を追究するに当たりまず考えなければならないことは、

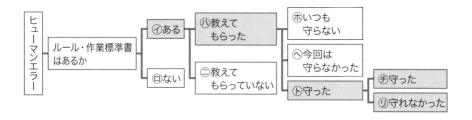

ルールはどうだったか、作業標準書はどうだったかであり、ルールや作業標準書を守っていればミスは起きないことが基本である。

　上図から分かる様に、「ルールがない・作業標準書がない、あるが教えてもらっていない、また、教えてもらったが守らなかった」は、まず作業標準書の作成や教育、守らせるための指導が必要となる（㋑㋺㋩㋥㋭㋬）。「ルールを守らなかった・自己過信していた」などは、教えてもらったが守らなかったことの典型的な例である。

　ここで問題となるのは、「守ったがミスが出た」、「守ろうとしたが守れなかった」ことによるヒューマンエラーである（㋣㋑㋷）。

　では、ルールや作業標準書を「守ったがミスが出た」は、作業標準書への作業内容の記載が不足している場合や、作業の急所・注意事項などの明記がなされていない場合が多い。作業標準書に不備があることからヒューマンエラーが生じない作業標準書への改訂をしていかなければいけない。

　上記の原因の中で、「先入観や思い込みにとらわれた・外観が似ていた・帳票が間違い易かった」などは、作業手順に確認事項を入れ、作業の急所・注意事項で誤り易い事柄を明記するなどしてミスを防止すると良い。「急いでおり焦った」では、作業のサイクルタイムの見直しを見直すべきである。「複数の作業を同時に行なっていた・大事なことを優先させた」では、作業標準書の作業手順の見直しが必要になる。

　一番の課題は、「守ろうとしたが守れなかった」ことでのヒューマンエ

ラーであり、上記の原因の中で内的要因と外的要因に対して下記の様な対策が考えられる。

①内的要因
- 「体調不良」などによるものは、無理をしてミスするのでなく上司への連絡がすみやかにできる雰囲気や仕組みを考えること。「Bad News First」の職場にはミスが少ないと言われる所以の一つである。
- 「心離れをしていた・集中力が低下していた・動作が習慣化していた」などは、チャイムやタクト表示などを設け、注意喚起を促す策が良い。自工程完結[※1]の考えであるが、作業の節目や作業終了時に確認やチェックの作業を設けることで、集中力低下などでのミスの防止を図ることが大切である。また、責任が分散していたについても、自工程での品質保証項目を明確にすることで自分の目標を如何に達成させるか責任を持たせることになる。
- 「自己の技術技能が不足していた」などは、技術技能習熟度の管理にもとづく後工程でのチェックと、技術技能の教育を進めることである。

②外的要因
- 「作業がやり難かった・作業項目が多過ぎた」などは、守れない・守り難い作業標準書であることから、4Mの人（Man）以外の設備（Machine）・物（Material）・方法（Method）での対策が良い。中でも費用との関係はあるが、工具の変更・ポカヨケ[※2]・治具化・自働化・コンピュータ化など設備や機械での対策は、最も再発防止に繋がる。
「外観が似ていた・帳票が間違い易かった」なども部品にしるしを設

※1　自工程完結：私の工程は私が保証するという考えで、不良は次工程へ送らぬの仕組みであり、マジックチェックや指差呼称などで確認作業を行い、品質不良の次工程への流出を防ぐこと。
※2　ポカヨケ：うっかりミスを無くすため、機械的に防止する装置や仕組み。

定したり、帳票の書式を変更したりするなどで、ミスの防止を図ることが出来る。

- 「整理・整頓が悪かった」は、品質保証の基本である4S（整理・整頓・清掃・清潔）を守る仕組みを見直し、責任者を明記した4S担当マップ表やそれにもとづく定期的なパトロールなどが大切である。
- 「集中力が低下」の中には、作業中の割り込み仕事である上司からの指示や問い合わせ、事務所での電話などがある。作業者への会話は時間を決めて行うか、作業の節目で行う様な仕組みづくりが必要である。電話は時間を決めての交代制を取っているところも多い。
- 「作業途中で休憩タイムになったため」では、トヨタ方式での定位置停止[※]の方式を取り入れ、作業を一定の節目までは継続してから終わらせることが良い。

「守ろうとしたが守れなかった」ヒューマンエラーに対して、不良を流出させないためによく行われる手法としてのダブルチェックは、付加価値のないムダな作業であり極力避けるべきである。外的要因のところで述べたが、いかにやり難さを解消するかであり、4Mの人以外の設備・物・方法での対策を第一番に取り組み、やむを得ない期間のみダブルチェックとすべきである。

この様に、ルールや作業標準書を遵守すれば、ヒューマンエラーは発生しない考えを常に持ち、作業標準書を整備し定期的な観察と点検の仕組みをつくることが大事である。

※ 定位置停止：休憩などの時に、作業を途中でやめず1サイクル完了まで行い終える仕組み。

2-8 変化点管理はどの様に行うのか

　日々の業務の中では、品質に関わるいろいろな問題が発生するが、品質問題がどんな時に起こるのか解析すると、多くの場合、作業者の交替や設備・治工具のメンテナンス時などの変化時に発生している。

　この様に何かが変化したことで品質に影響を及ぼした時点を変化点と言い、変化が発生する場合は、特に注意して、発生前後の人の作業・設備の動き・製品の確認などに適切な対応を行うことが大切となる。

　その要因は4Mの人（Man）・設備（Machine）・物（Material）・方法（Method）に層別され、それらにもとづき変化点が発生したことを把握して対策を講じ、製品の品質に与える影響をゼロにする活動が「変化点管理」である。

4M	変化点の内容
人	休暇、一時的な離業、人事異動などで作業者が入れ替わる変化。
設備	治工具・設備などの新設や修理・改造したことでの変化。
物	製品の設計変更や材質変更などで部品の形状・精度・材料に変化。
方法	工程変更、工法変更、サイクルタイム変更などでの作業手順の変化。

　では以下に、「変化点管理」はどの様に進めるのかをステップ毎に説明する。

（1）変化点管理項目一覧表の作成
- 4Mを元に工程ごとに過去のトラブルを参考に現場の意見を吸い上げ、管理する変化点の項目と内容を決める。
- 過去の不良や想定されるトラブルから変化点ごとに実施内容・頻度・実施者を決める。

- 管理者の確認欄を設けた変化点管理項目一覧表を決める。

(2) 変化点管理運用ルールの決定
- 変化点管理の実施責任者（監督者）を変化点ごとに決める。
- 変化点が確実に伝達される様に、責任者までの連絡ルートを明確にする。

(3) 変化点管理情報を共有化するツールの準備
　　（変化点管理ボードの作成）
- 工程（ライン）のレイアウトを描き、人員配置・変化点発生日時・変化点発生箇所が分かる様にする。
- 変化点の内容と実施内容が分かる様にし、管理チェックシートを貼り出す。

(4) 変化点管理の実施決定
- 変化点の連絡を関係部署（関係者）に行う。
- 関係部署（関係者）が、変化点情報の共有化を（変化点管理ボードの活用―次ページ図）図る。
- 変化点の発生が「見える化」されると同時に、変化点に対してどのような手を打っているかを見える化する。

(5) 変化点発生時の確認
- 作業要領書どおりに作業をしているか、製品の品質が変化点前と同じか、後工程へ不良が流出していないかを決められた頻度で確認する。

(6) 記録の保管
- 完成品や後工程で不具合があった場合、変化点が原因のものかどうかを確認できる様に、変化点管理の履歴とアクションの結果を保管する。

以上、「変化点管理」の必要性とやり方について述べたが、変化点は発

生しても発生前後で変わらず「良い製品を安定して造り出すことが出来る様にすること」が目的である。

　良いと言われている仕組みや道具を導入するだけでなく、自工程の状況を十分に考慮し目的にかなう管理項目・道具・仕組みをつくりだして、運用していくことが重要である。

■○○工程（ライン）変化点管理ボード（例）

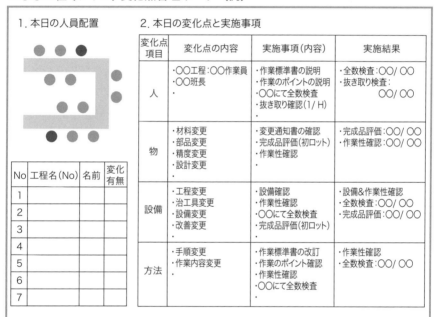

2-9 品質不具合の再発防止はどのようにしたらよいか

　品質不具合の再発を防ぐには、不具合の真の原因をつかむ、技術の棚を整備する、品質問題の運用プロセスを整備することが重要であり、以下に順を追って述べる。

(1) 真の原因をつかむ方策

　真の原因が究明できない理由には大別して二つある。一つは市場で発生した問題が究明の過程で再現されない場合、二つ目は原因究明作業そのものが不十分で根本原因までたどり着いていない場合である。本項では、後者の原因究明が不十分なため真の原因把握が出来ないことを防ぐ方法を紹介する。

　不具合情報を客観的な分析によって真の原因を導き出し、再発防止策に役立てる手法としては「なぜなぜ分析」が大変有効である。なぜなぜ分析は、発生した事象や問題を出発点として、「なぜ？」を複数回繰り返すことで真因に到達する分析手法である。トヨタでは、『5回のなぜなぜを繰り返せ』と言われている。

　下図に「なぜなぜ分析」のイメージを示す。

■なぜなぜ分析イメージ図

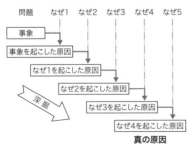

■なぜなぜ分析事例

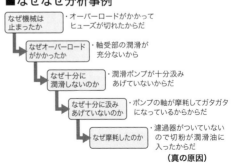

出典：「トヨタ生産方式」大野耐一著（ダイヤモンド社）

■なぜなぜ分析の切り口

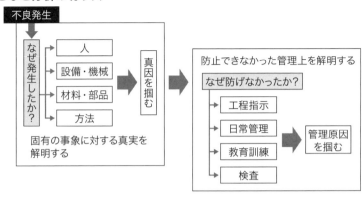

　特に品質不具合の真の原因を見極めて再発防止を図るには、4Mについて「なぜ発生したか？」の直接原因と、「なぜ防げなかったのか？」の管理上の原因を究明する2段階のなぜなぜ分析を併用すれば、真の再発防止策へとステップアップが図られる。

(2) 技術の棚の整備への取り組み（必要な技術情報のデータベース化）

　多くの企業で不具合報告書や自工程要件書、べからず集を作成しているが、誰にでも理解できるような内容や記述方法になっておらず機能を果たしていないことが多い。誰もが正確に理解できる報告書・自工程要件書、べからず集等の技術書を作成するには、用語の統一・標準化されていること、文字だけでなく図や写真などを使い具体的表現がなされ、抽象的表現でなく定量的な基準で表現することが重要である。また、報告書・技術書が多量に蓄積されると、レビュー漏れが危惧される。蓄積された報告書・技術書は、体系的に整理・分類を行い、キーワードなどを設定して検索や選別をしやすくしておくことが大切である。

■用語の統一事例

用語集

用語	定義
4S	整理、整頓、清掃、清潔の頭文字 物の管理の重要性を強調している言葉である。
整理	要るものと要らないものを区分して、いらないものは即刻破棄すること。
整頓	整理して必要として残したものを、必要な時に、必要なだけ、容易に取り出せたり、使い易いように所番地を決めて並べておくこと。
清掃	仕事をやり易く、安全で作業動作や歩行に支障の無いようにきれいにすること。
清潔	整理、整頓、清掃の良い状態を維持すること。

■技術書の体系事例

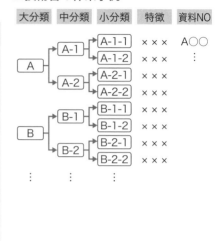

■図・写真での具現的表現事例

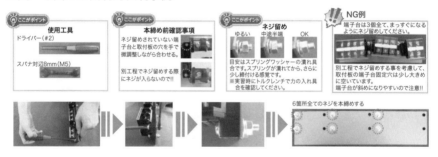

(3) 報告書・要件書・べからず集の部門間・組織間の共有化

　品質不具合報告書・要件書・べからず集などが部門別に管理・運用されていて全社での運用プロセスが統制されていないことにより機能が発揮されていないことが多い。品質に関する情報は登録する側、活用する側が情報の鮮度を大切にする共通意識を持ち役割担当を決めておき、定期的に棚卸しを行い情報の2S（整理・整頓）が実施できる体制をつくることが重要である。再発防止の根本対策は、発生した不具合が自工程要件書（設計

2-9 品質不具合の再発防止はどのようにしたらよいか

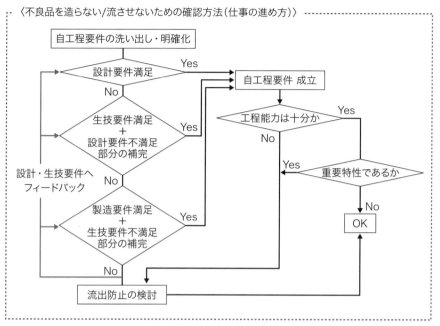

要件書、生技要件書、製造要件書）へフィードバックされ、より上流工程で対策され、歯止めされることである。

2-10 自工程完結とは

1. 自工程完結とは

　自工程完結の要点は「工程で品質を作り込む」ために、担当者がその場で品質の良し悪しが分かるようになることで、自信を持って仕事が出来ることである。

　従って、全ての工程について、それぞれの担当者が「自分は確かに良いものを造っている」ということが確認できる工程でなければならない。そのような工程づくりをするために、設計、生産技術、製造現場が知恵と工夫を寄せ合って要件を定める事が大事である。

　自工程完結に必要な三つの要件をどのように定めて、それらを如何に標準化するかについて述べていきたい。

　(1) 設計要件
　(2) 生産技術要件
　(3) 製造要件

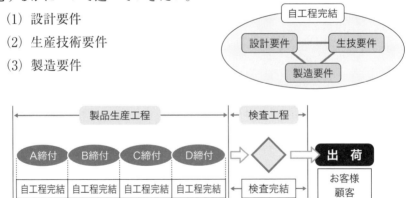

2. 標準化を進めるには

　社内で標準化を進めるには、開発部門が社内外からの要求や時代の趨勢、ライバル社の動向などを踏まえて、狙いの設計品質を明確にすること

からはじめなければならない。

　次に設計品質を製品へ造り込むためには、三つの基本要件（設計要件、生産技術要件、製造要件）を明確にしなければならない。この三つの基本要件は、標準化を進める重要なポイントになるので、ここに焦点を絞って以下に説明する。

(1) 設計要件
　1) 悪いものが造れない構造
　　（誤品、逆付けの場合は組み付けできない）
　2) 作業者に良否が判る構造
　　（組付け時、「パチン」と音が発するなど節度感・手感で分かる）
　3) 作業がやり易い構造

(2) 生産技術要件
　1) 条件が明確で工程能力がある（例：締め付けトルク値が明確で工具がある）
　2) 誤欠品、工程飛び等が発生しない工程設計（例：ポカヨケ機能がある）
　3) 不良品を造った場合、自動的にラインや設備が止まる構造
　4) メンテナンス基準が明確

(3) 製造要件
4Mにまつわる「品質の維持・管理」をしていくための前提条件
　1) 人　　　　：自分の作業と製品の良否が判断できる（知識と技能をもつ）
　2) 設備　　　：生技要件を満足する設備を受け取る
　3) 物　　　　：個々の部品精度・品質が確認されていること
　4) 作業方法：作業標準に従えば、誰がやっても必ず狙い通りのものができる

このような項目の整合性が図れた要件をもとに、社内で取り決められた各標準書を具体的に起票することになる。それらの標準書に基づいた工程づくりや作業訓練へ展開を進めていくやり方が標準化の進め方なのである。

■ 3 要件織り込み標準 & 帳票事例

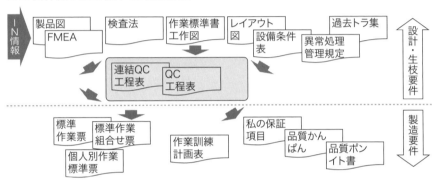

　次に、標準化を定着させるには、使いやすい・守りやすいことと、常に現状に合った状態を維持することが大切である。そのためのポイントを以下に列記する。

(1) 使いやすい、守りやすい標準のポイント
1) 標準化は常に使う人、守る側の立場に立って考え工夫する
2) 現場の作業に関するものは現場から提案してもらう
3) 真の要因を標準化する（再発防止活動のなぜなぜ分析を活用）
4) 標準化は要点のみをルール化する　（急所、カン・コツなど）
5) 標準化は決めることより、正しく伝えることが重要
6) 標準化の効果は部分最適ではなく全体最適で評価する

(2) 現状に合った標準書　（常に改善結果が織り込まれている）
　企業活動では、PDCAのサイクルを回す改善活動は必須であり、その際

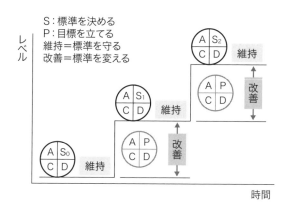

の歯止めとして標準の設定・改定のSDCAのサイクルを回すことが必要である。

「維持⇒改善⇒維持⇒改善⇒維持」の活動を繰り返し、現状に合った最善の状態を維持する活動の継続が標準化を定着させることなのである。

また、標準書には文書化は不可欠である。文書化によって、情報伝達、周知徹底が図れるようになるのは勿論、経験知が形式知となり、技術の蓄積が会社の財産になっていくのである。さらに標準化は、品質問題などが発生した場合のトレーサビリティにも正確な検証を容易化する助けとなることを付け加えておく。

2-11 簡単に全数検査する方法はないか

　製品は、全数検査または抜取検査を経て出荷される。その検査という作業は会社の信頼を背負い、神経をすり減らす大変な作業であるにも関わらず、それ自体に付加価値はない。よって、検査作業は無ければ無い方がよいと考えられているものの、多くの会社では実力と信頼のことを思えば、無くせない業務として実施しているケースが多いのではないだろうか。

　確かに生産の最終工程で品質や機能の全数検査は必要である。その最終検査で問題が無いように各工程での検査も必要である。トヨタでは各工程での製品保証を重視しており、品質は工程で造りこむとか、自工程完結という言い方をしている。本項では最終検査ではなく、各工程内に仕組まれた簡単な方法で、かつ工数を掛けることもない全数検査について紹介する。

　代表的なのは『ポカヨケ』という考え方を道具や製品へ反映させることで、簡単に全数検査すなわち全数保証が出来るようにすることである。しかも余分な工数を掛ける訳ではないので、付加価値を損ねることもない優れ物なのである。

　ポカとは人間のうっかりミスのことで、ヨケとは避（よ）けることで再発防止をすることである。ポカヨケを治工具や作業に施すことによって簡単に全数検査をする例を下図に示す。

　製品の片側に穴をあける作業が有り、治工具が準備されている。しかし

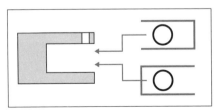
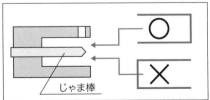

ポカヨケの思想がないと、製品はどっち向きででも治具にセット出来てしまう。その結果、反対側に穴をあけてしまった製品がうっかり後工程に流れてしまうことになる。このうっかりしてしまうことを防止するには、簡単なじゃま棒を付ければ良いのである。これで逆セットによる不良品発生はゼロになる。

　このような考え方を応用し、今では組立作業にも展開されている。例えば、所定の位置まで挿入するとパッチン音が出るコネクターや、所定のトルクレンチを使えば、先端に取り付けたスポンジでチェックマークが製品に付き、検査確認のためのレ点を付与する作業をしなくて済むように工夫されている。
　ポカヨケは金を掛けず、ちょっとした現場の工夫で行う程度であり、決してCCDカメラを搭載して常時監視するような仕組みではない。
　ポカヨケについての思想や方法を整理すると下記のとおりである。

優秀なポカヨケ
①再発防止の目的と効果が明確
②お金が掛らない
③現場の知恵と工夫がある
④仕組みが簡単でメンテも簡単
⑤作業性を悪化させない

ポカヨケの方法
①治工具に間違った方向ではセット出来ない
②やることをやらないと製品を取り外せない
③セットミスでは起動できない
④指定の工具使用で保証マークが付与される
⑤異常で機械を止め、ランプやブザーで知らせる

⑥部品同士の組付け作業には音や手ごたえがある

　ポカは新人でもベテランでも起こす。どんなポカヨケが取り付けられるか現場で知恵を出し、自分の仕事は作業そのものが品質保証している状態を確立しよう。

第3章

生産について知っておきたいこと

3-1 稼働率と可動率はなにが違うか

　どちらも"かどうりつ"と読むので、区別するために稼働率は"かせぐかどうりつ"、もう一方を"べきどうりつ"と読んでいる。どちらも工場を運営するに当たっては重要な指標（KPI[※]）となっているので、是非しっかりと覚えて欲しい。

　まず『稼働率』とは、工場が持っている定時生産能力に対して、現在どのくらいの生産量を受注しているかを表わす比率である。式で表わすと次のようになる。

$$稼動率 = \frac{生産負荷}{定時生産能力}$$

　毎日の平準化した生産量が定時生産能力より多ければ100%を超す値になり、残業が続く多忙な日々となる。一方、生産量が定時生産能力より少なければ100%を切る値になり、余剰人員が発生し定時間を割ってしまう閑散とした状態になってしまう。よって稼働率は市場の景気に左右される要因が大きいが、経営者がどのように仕掛けて行くか、営業と共に真剣に取組むべき指標である。もちろん稼働率によって現場も生産性を向上させたり、少人化を図ったりいろいろな対応をしなければならない。

　これに対し『可動率』とは、動かしたい時に動かした時間の割合を示す指標であり、次の式にて定義付けられている。

$$可動率 = \frac{動かした時間}{動かしたい時間}$$

※　KPI = Key Performance Indicator　重要業績指標

例えば今日は1時間残業し9時間の生産をしたい場合、分母の動かしたい時間は9時間となる。ところが現実は設備故障があったり作業ミスがあったり、或いは段替えをするために、何度も設備やラインを止めなければならないことが0.8時間起きたとする。その結果、分子となる生産出来た時間は7.2時間となるので、その日の可動率は80%と表示される訳である。このように可動率は効率を表わすので、100%を超えることがない指標である。

可動率は、ラインや設備を止めた時間を差引かれてしまう指標であるので、ラインや設備はなぜ止ったか或いはなぜ止めなければならなかったのかの問題を浮上させる大事な指標なのである。前述の例では可動率80%ということは20%がラインや設備が止まったことを代弁している訳だから、対象の現場は改善をして100%に近づける活動を展開しなければならない。このように、稼働率は経営者の責任なのに対し、可動率は現場の責任において管理するべき指標である。

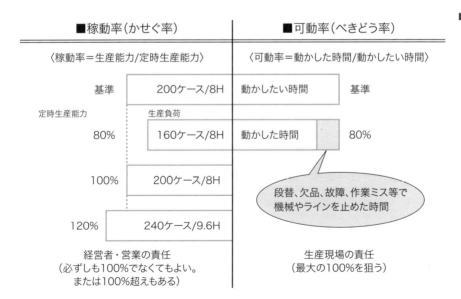

3-2 作業標準と標準作業はなにが違うか

　トヨタの生産用語は、最初はややこしいと感じるかも知れない。作業標準と標準作業もその一つである。言葉の順序を逆にしただけだが、全く違う意味で定義付け、大変重要な考え方なので以下に解説する。

　まずは『作業標準』とは、モノの流れを主体に加工の手順や使用工具、加工するための設定条件等を示した標準である。例えば模型の組立手順書やパソコントラブル時の修復手順書、料理のレシピ等は代表的な作業標準を書として表示したものである。従って、その通りの手順で進めれば誰でも目的が達成するように書かれているのが作業標準書である。

　読者の会社にも作業手順書とか組立・分解手順書、或いは○○工作図というような類の標準書が目的にあったフォーマットで整っていると思う。なぜなら作業標準書が無ければどうやって造るのか、どうやって品質を保証するのか、どうやって原価を維持・改善していくのか全く分からなくなってしまうからである。このように製品を造るためには、まずもって必要な標準が作業標準と言っても過言ではない。作業標準書の例を下に示す。

　次に『標準作業』とは、人の動きを主体に作業の手順を決めた標準とい

■作業標準書の例

手順	作業内容	時間	条件
1	大根を洗う	1.5分	上水使用
2	大根を輪切りにする	0.5分	幅20mm
3	皮をむく	3.0分	厚さ3mm
4	面取りをする	3.0分	幅5mm
……	……	……	……

うことである。下記表の大根料理を例にとれば、aさんは大根を煮るまで、bさんは味付けと盛り付けを、cさんはお客へ出したり皿を回収して洗う担当だとする。それぞれの担当者は自分の持ち場の作業だけを決められた手順で行えばよいことになる。このように限定された工程をどのような順序で作業を進めたら良いかを示したのが標準作業である。

　イメージを浮かべやすいように下図の例で説明する。
　モノは1工程から順に流して生産し、10工程掛けて完成するとする。これは作業標準書の手順通りで、そうしないと製品は造れないし品質の保証もできないからである。
　しかしAさんは1→2→10工程の順、Bさんは3→8→9工程の順、Cさんは7→6→5→4工程の順で作業するように決められた場合は、それぞれの作業者にとってそれぞれの手順が標準作業となるのである。
　トヨタ生産用語では、標準作業とは「人の動きを中心として、ムダのない仕事の順序で効率的な生産をするやり方」と定義付けている。そして標準作業の3要素は、
①サイクルタイム
②作業手順
③標準手持ち
と定め、標準作業書を作成する上では必ず記入すべき項目となっている。詳細は**3-13 人による作業のバラツキをなくすには？**を参照のこと。

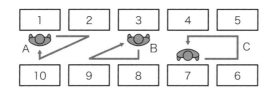

3-3 自働化による生産性のメリットはなにか

　自動化と自働化の違いについては、品質の章で述べた通りである。自働化は製品不良が発生したら止めるという思想である。ところがこの自働化には品質面だけでなく、生産面でも非常に大きなメリットがある。ニンベンのつかない自動化は人が監視していないと加工不良がどんどん造られてしまうので、機械のスイッチを入れた後も機械を見張っていなければならない。これに対してニンベンのついた自働化は監視人がいなくても、異常を感知した時に自動的に機械を停止する仕組みになっているので、機械のスイッチを入れたら監視をしなくてもよいので、次の機械へと渡り作業が出来ることになる。

　これを下図で説明すると以下のようになる。
　自動化しただけの工程では、機械1台につき1人の作業者が付きっきりになっているので3人の作業者が必要であり、このままでは省人化は不可能である。
　しかも機械のスイッチを入れた後は、加工が終わるまでに監視という全く付加価値のないムダなことをさせている訳である。
　これに対し、ニンベンのついた自働化をすると、次ページ図のように、

■自動化による機械と人の関係

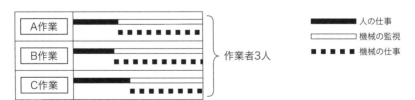

監視しなくてもよく、機械のスイッチを入れたら次の機械の操作に移って行ける。このようにしてタクトタイムの範囲で、作業者1人が数台の機械を受け持つことが出来るようになるのである。

　自働化によって監視をしなくてもよい状態を"人と機械を離す"と言う。人が機械から離れることが出来れば、多台持ちや多工程持ちが可能になり、1人当たりの生産高が画期的に上がる。

　また、この自働化は機械に限ったことではない。コンベアを使った作業者による組立ラインでも応用できる。異常があったら、作業者がコンベアを止めればよい。トヨタ系の組立ラインには、両サイドに細いロープが張られている。そのロープを作業者が引っ張れば、ロープの先端につけたスイッチが反応してコンベアを止める仕組みである。この仕掛けによって不良品の生産も流出も防止できるようになっているので、異常があった1台だけの処置で済むようになる。

　しかし、コンベアラインには多くの作業者が存在しており、異常のない工程もその場で止められたら、復帰の際に作業ミスを犯してしまう二重遭難のような問題が発生してしまう。そこで考えられた仕掛けが"定位置停止"という方法である。ロープを引っ張ってラインを止めると言っても、1工程分だけはコンベアが動いた後に止まるという仕掛けである。こうすることによって、各工程は1サイクル分の作業を終えた定位置で止まるか

■自働化した場合の機械と人の関係

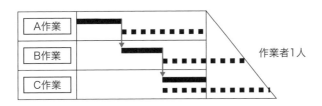

ら、作業途中で止まったことによって生じる取付け忘れや作業ミスを防止出来るのである。

　更には、異常があった時に、何処の工程でどのような異常で停止したかを分からせる為の電光掲示板（アンドンと称している）がある。アンドンは現場管理には欠かすことが出来ない管理の道具である。作業者や機械自身が止めた工程や設備が瞬時にして表示され、関係者が現地現認する。作業者は止める、管理者は止めさせないようにして可動率を維持管理する道具である。次に示す写真は旧セントラル自動車（現トヨタ自動車東日本）のボデーラインのアンドンである。

　以上のように、自働化による生産性のメリットは大きいので、まだニンベンの付かない自動化で留まっている工程は、ニンベンの付いた自働化に取り組んでもらいたい。

3-4 人・モノ・情報の流れとはなにか

　効率の良い生産を行うためには、三つの流れが円滑に行われるかを確認し、整備する必要がある。三つの流れとは、人の流れ、モノの流れ、情報の流れを言い、現場を見るときや新規工程を計画するときに用いるチェック項目の一種である。生産の整流化という言葉でもよく耳にすることであるが、整流化とはこの三つの流れをよくすることである。

　人の流れとは、動線のことである。動線が長いと原価が上がるばかりで利益には貢献しない。従って動線は短ければ短いほどよい現場となる。しかし現実は原材料があり、機械があり、仕掛品があり、掃除用具等々があり、とモノに溢れていて、いつも最短の動線上を動ける訳ではない。狭い工程内で複数人が作業をする場合は、作業者同士が干渉し合うタイミングも発生してしまうこともある。従って、人の流れ即ち動線を考えると、生産に必要なモノだけを出来るだけ接近させて配列するとよいことになるが、一直線に配列したのでは、作業者の空戻り歩行が発生してしまう（**図1**参照）。

　また、機械を共有してしまうと戻り作業が発生し、再三の段替え作業が必要になるばかりでなく、ロット生産にせざるを得なくなる。このような工程を設定してしまうと生産が淀んでしまい、動線が複雑になってしまう（**図2**参照）。

　従って、工程順に設備や作業台を配列して戻り動作を無くし、単純な一筆書きの動線にするためには、U字型やコの字型レイアウトがよいとされているのである（**図3**参照）。

■図１－ 直線的な配置

■図２－ 機械の共有

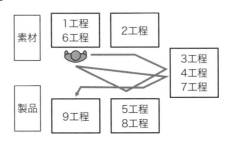

■図３－Ｕ字型レイアウト

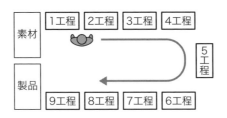

　このように単純な一筆書きの動線になっているかが人の流れの良し悪しを確認する大事なチェック項目の一つである。このようなレイアウトであれば、生産量の増減に応じて人員も弾力的に増減できるようになる（トヨタ生産方式でいう少人化ライン）。

　モノの流れとは、製品の流れのことである。製品はロットで生産するより一個流しした方が、はるかにリードタイムが短縮でき、在庫も少なくて済むことは周知の通りである。従って現場では、製品が淀みなく流れているかという見方をすれば、効率よく生産しているか否かが確認できるので

ある。中間仕掛品が最少で、加工〜加工へと流れているかということである。そのためには前述したように、工程順に設備や作業台を配列し、一方向へ流すことである。このように一方向へ流すのは生産工程のみではなく、大きく見て、受入場→生産工程→完成品置場→出荷場にも適用させないと、モノの流れが交錯し管理や運搬工数等が増加することになる。

　情報とは計画のような事前に流すもの、実施中に流すもの、そして評価として事後に流す情報がある。ここでの情報とは実施中に流す情報のことである。

　情報の流れとは、結論から言えば情報だけが先走りせず、モノと一緒に動くのが良い。例えば多品種組立ラインでは、流れて来る製品に組付け部品情報が付いていなければ、作業者は何を組付けて良いか分からなくなってしまう。そして最終の検査では何を検査して良いのか判断できなくなってしまう。一方受入部署でも現物に情報が無ければ受入検査も入荷もできない。トヨタではかんばんと称する情報を各部品にも製品にも付けて同時に流す方法を取っている。今ではICタグに変えている業界もあるが思想はモノと一緒に流すことに変わりはない。むしろトレーサビリティが問題視されている今日では、生産過程の情報を保存して置くことが義務付けられているので、モノと情報の同期化は必須条件となっているのである。

3-5 沢山まとめて造るより小ロット化するメリットはなにか

　まとめて造った方が効率もよく、安いとよく耳にする。また、そう信じてロット生産を継続している企業や管理者は多いのも現実である。果たして本当にそうなのか検証してみる。

　ただし、ここでは理解し易くするためにプレスや印刷のような高速のロット生産をせざるをえないものではなく、一個ずつ組み立てる生産を例に取り上げる。

　まずは次のような工程で100個生産することを仮定する。

　製品を完成させるには3工程が必要で、各工程の加工時間は1個当たり1分ずつかかるものとする（図1）。

　この工程で100個ずつまとめて流すと、加工時間は各工程100分ずつかかるので、100個完成させるには合計300分の所要時間がかかる。

　図2は1工程で100個加工する途中の図を示す。2工程、3工程はまだ仕掛品が届かないので、作業をはじめることが出来ず、別の仕事をしていることになる。

　つまり100個サイズのロット生産は、3工程あっても1人で生産をしているようなものなので、完成するまで300分かかることが分かる。

　次に、ロットサイズを10個ずつにして流す方法を仮定する（図3）。

　図3は最初の10個を1工程に仕掛けたところから、最後の10個が3工程

■図1

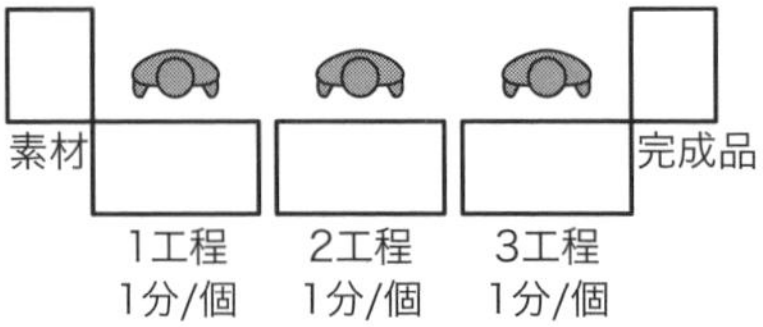

■図2

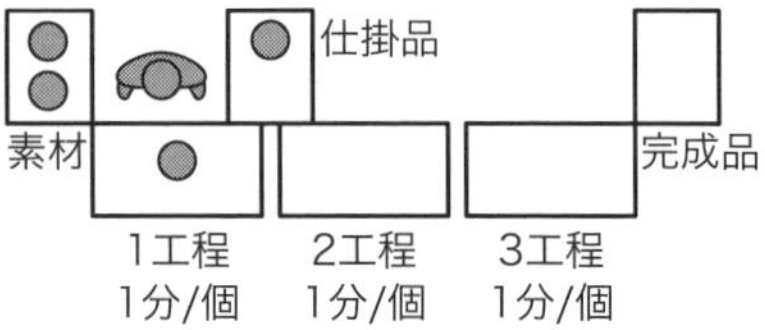

の加工を完了したところまでの変化を表わしたものである。

この図から分かるように、最初の10個は30分後に完成し、最後の10個が完了するまでの所要時間は120分を要することが分かる。

最後に一個流しをした場合の着工から完成までの流れを示したのが図4である。図4によると、3分後に最初の1個が完成し、以下1分毎に1個ずつ完成して行く。100個目の完成までの所要時間は、なんと102分である。

即ち工程数をnとすると、100個単位でロット生産した場合は、生産リードタイムは100分×nであるのに対し、一個流しをした場合は、100個×1分+(n-1)分であることが分かる。

このようにまとめて生産するロット生産と一個流しでは、一個流しの方が生産リードタイムを最短にすることが分かる。その他のメリットも合わせて一個流しの利点を列挙してみる。

1) 一個流しによる短縮時間を他の生産や段替え作業にあてがうことが可能
2) 一個流しによる中間在庫保管場所や容器・運搬などが不要
3) リードタイムが短いので、品質の劣化がない
4) 一個流しによって工程の平準化が図りやすい

以上のことから、まとめて造るのは一個流しに比べて余りメリットはない。まとめて造ったがために持つ多くの在庫は、全ての悪さを隠すと言わ

■図3

	素材	1工程	2工程	3工程	完成品
10分後	90個				
20分後	80個				
30分後	70個				10個
...					
100分後	0個				80個
110分後	0個				90個
120分後	0個				100個

■図4

	素材	1工程	2工程	3工程	完成品
1分後	99個				
2分後	98個				
3分後	97個				1個
...					
100分後	0個				98個
101分後	0個				99個
102分後	0個				100個

れている。その面からも総合的なメリットを考えるとロットサイズを小さくし、究極は一個流しを目指すべきである。

ただし一個流しにした場合、ロット待ち[※1]や工程待ち[※2]が無くなる代りに運搬回数が増えるので、工程を隣接させ運搬距離を最少限にするようにレイアウトを抜本的に見直さなければならない。

下図は小ロット化によるロット待ちや工程待ちを少なくした事例である。

改善前は、2台のトレイ台車に大ロット数分の製品を積み込んでからオーブンに投入していた。従ってトレイ台車は長い間、停滞していた。そしてオーブンへ投入後も、所定の熱処理時間が経過するまで待たなければならなかった。改善後は、オーブン側に棚を設け、トレイ1個分に乗せる製品数だけ乗せたら、オーブンに投入することにした。トレイを順次投入すれば、熱処理時間が経過した物から順次取り出すことができ、小ロット単位で物が流れるようになった。更に副産物として、台車をオーブンに出し入れする際、大きな扉を開閉するため、その都度オーブンの温度が低下していた。小ロット流しにした結果、トレイ1個分の小さな窓から出し入れできるため、オーブン内の温度低下がほとんどなくなり、所定の熱処理時間の短縮にもつながった。

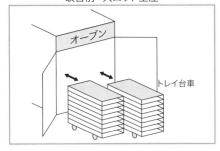

改善前：大ロット生産

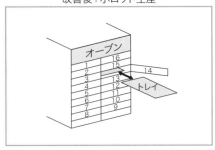

改善後：小ロット生産

※1　ロット待ち＝100個ロット生産する場合に、最初の1個を加工する時に残りの99個が待っている状態

※2　工程待ち＝工程間の在庫（停滞）として、待っている状態

3-6 なぜ在庫は減らないか？

造り過ぎは悪いと頭では分かっていても過剰在庫がなくならない。どうも心のどこかに過剰在庫が減らないもっともらしい理由があるからではないだろうか。減らない理由として、次に示す四つの理由が挙げられる。

(1) 逃した魚は大きく見える

過去に追加注文がきてもっと造っておけばよかった、チャンスを逃して失敗したと思っている。機会損失で会社が赤字になるのではなく造り過ぎで赤字経営になるケースの方が圧倒的に多いと言われているが、逃した魚は大きく見えるらしい。

(2) 一見、赤字には見えない

財務諸表の中では、下図に示すように在庫は棚卸資産として表示されるため一見赤字には見えない。

しかし、これらの棚卸資産が長期不良在庫になれば、いずれ特別損失を計上しなければならない。

■貸借対照表

借　方		貸　方	
資産	流動資産 　当座資産 　棚卸資産 　その他	負債	流動負債 固定負債	他人資本
	固定資産 　有形固定資産 　無形固定資産 　投資等 繰延資産	資本	資本金 資本剰余金 利益剰余金	自己資本

■棚卸資産とは

1、商品
2、製品
3、(半製品)
4、原材料
5、(購入部品)
6、仕掛け品
7、貯蔵品
　　　など

(3) 製造と営業の利害が一致（減らしたい人がいない）

　下図のように、在庫を持っていた方が「気が楽になる」ので、製造側も、営業側も在庫を減らしたい人がいないのである。

　以上述べたように、頭では過剰在庫は悪いと分かっていても、様々な理由を付けて在庫が減らないのである。したがって、減らすには相当な強い覚悟を持って取り組むことが肝要である。

(4) 天災、人災等によって生産がストップしないように備える

　自然災害や人災、大事故によって資材の入手ができなくなり、生産がストップするのを避けるため、在庫はできるだけ多く持とうという意見がある。しかし過剰在庫を持てば、100年に一度の自然災害や大事故がおきる前に、経営がおかしくなってしまうと考えるべきである。

　但し、現在では、突発事故等の災害に備えて、一定の安全在庫を持つようにしていることも現実である。しかし安全在庫という名目で、ライン間にバッファー在庫を持つと、それに甘えて管理が甘くなってしまう。

　したがって、特別な場所に保管するようにして、異常事態が発生した時にのみ上司の承認を得て使うようにする。安全在庫は「ダム」ではなく、「ため池」で持てと言われる所以である。

　以上述べたように、頭では過剰在庫は悪いと分かっていても、様々な理由を付けて在庫が減らないのである。従って、減らすには相当強い覚悟を持って取り組むことが肝要である。

3-7 生産の遅れ進みが分かる現場にするには

　生産が遅れているのか進んでいるのかを図る"ものさし"は計画値を基準として確認するのがよい。トヨタ生産方式によい公式がある。"タクトタイム"という考えに基づいた公式で、下記のように示す値である。

$$タクトタイム＝定時時間÷必要数$$

　定時時間とは1日或いは1直当たりの定時労働時間を言い、必要数とは今日の1日或いは1直当たりに生産すべき数量である。特に必要数については年計や3ヶ月予測から確定され、日当たり生産が平準化された生産数を言い、各職場の都合で場当たり的に指示される数字ではない。全社的にオーソライズされた日々の生産数のことである。この公式によって1個当たり何分何秒で造って次の工程へ渡せばよいかが決まる。このタクトタイムを基にして定時での必要数が確保されるように管理することになる。

　折角タクトタイムで流れるように人員の配置をしても、定時終了後に必要数が完成したかどうかを見ている会社があるが、これでは遅すぎる。何故ならその日1日の仕事が終わってから、遅れ進みが分かっても手遅れである。午前と午後で管理するなら少しはマシであるが、出来ればリアルタイムで遅れ進みを把握し、管理するのが理想である。少なくとも1時間毎の遅れ進みを管理（記録）するのが適当と思われる。そこで管理したい工程に、1時間毎の生産計画数を貼りだし、実際に通過した数量を記入して遅れ進みを管理するのが良いようである。

　次ページに示す生産管理板は製品の最終工程における通過状況を示した例である。ホワイトボードに手書きした簡単な管理方法であるが、誰が見てもすぐ分かり、再発防止にも繋げられる優れた管理板である。

■生産管理板の例

月　　日　　本日の生産管理板				
時間	計画	実績	差異	原因
8-9	20	18	△2	朝礼
9-10	40	37	△3	作業ミス2件
10-11	60	51	△9	設備故障(ロボット)
11-12	80	70	△10	部品不良
13-14	100	90	△10	
14-15	120	108	△12	チョコ停3件
15-16	140	128		
16-17	160	145		
残業				

　もちろんIT化によって、タクトタイム毎に1個ずつ加算される計画数値に対して、実績値はどの状況かを知らせるアンドンのような装置があればなおのことリアルタイムで遅れ進みが把握できる。

　下図のような表示板を製作して天井下に取り付ければ、誰にでも見ることが出来る。

　問題は停止時間を示す表示が点滅している時の原因をどのように記録に残し、再発防止に結び付けられるかである。
　特に中小企業では金を掛けずに、ホワイトボードで遅れ進みの管理を身に付けてからIT化へ繋げるのがよい順序である。
　タクトタイムで生産することは、実は大変難しいことである。何故なら単一製品だけでなく、多品種を混合で流す方式が主流だからである。或い

3-7 生産の遅れ進みが分かる現場にするには

はロットで流す生産ラインになっている印刷やプレスのような場合は、段取りの後に一気に流れるので、タクトタイム通りに流すのは難しくなると考えがちである。

プレスのように生産スピードが速く、段取り時間がかかるものは、段取り時間を圧倒的に短縮（シングル段取り＝9分以内）し、出来るだけロットを小さくして、中間在庫を最小にする努力が求められる（**3-11 段取時間を短縮するにはどうしたらよいか**を参照）。

もう一度タクトタイムの公式を見て欲しい。1個当たり次工程へ流す時間であるが、その時間は平均時間とも解釈してよいのである。従って多品種混合生産をしている場合は、比率混合生産を行い、平均タクトタイムで流しているという基本スタンスで管理すれば良いのである。現場は故障もなく順調に生産しても遅れが出る場合がある。それは比率生産した製品の仕様差から来る遅れであり、工数が多くかかる製品の比率が多かった場合に生じる現象である。

だから遅れても仕方がないと諦めずに、段取り時間を短縮したり、仕様差に対する改善をし、生産性を高めていく活動に遅れ進みを見える化して取組んで欲しい。

実際のデジタル表示生産管理板を下に例として示す。左から生産計画、実績、可動率、停止時間が表示されている。

3-8 生産変動への対応をどうしたらよいか

　生産変動が生じる原因は様々あるが、気候変動や経済動向の変化による外部要因であったり、大きな設備故障や計画のまずさによる内部要因もある。生産変動が増産ならば嬉しい悲鳴にもなるが、減産となると対応は難しく、場合によっては大変辛い対応になる。いずれにせよ生産の山谷はあるもので、それに対応しなければ企業としての継続性にも影響することになる。

(1) 増産への対応

　毎年の慣例として繁忙期が分かっている場合は、前倒し生産計画をし、少しずつ在庫を増やして一気に出荷させる方法が一般的対応である（図1参照）。要するに予想出来る需要に対しては、負荷の平準化計画を取り入れて対応することにより人員増や設備投資を回避することができる。ここで守るべきは、いずれ必要だから暇な時に造っておくという勝手な解釈ではなく、あくまで会社としての生産計画に基づいた前出し生産であるべきである。

　次に予想外の突発的な受注増へ某企業がとった対応例を述べる。

　設備を追加導入するほど長期間ではないので、残業と増員で対応した例

■図1 — 前倒し生産

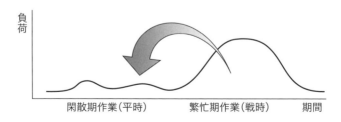

である。普通ならパートや人材派遣者を募集するところだが、即戦力を期待できる人材は集まらないものである。そこで取った策は、製造の経験者を社内から集めて現場へ投入した。当然の如く抜かれた部署は人員不足に陥った。そのため今度はその部署を補うために技術系や事務系から応援に出した。もちろん事務系からも直接製造部門へ応援に行き、技能には関係のない部品供給等の作業を手伝った。

技術・事務系は現場応援者を当番制にして担当の業務が遅れないように相互補完しあった。このようにして全社で補完し合う対応をとって急場をしのいだのである（**図2**参照）。

このような全社体制で対応したことによって非常に良かったことは、会社としてこのような対応を繰返しているので、経験知が蓄積された結果、品質の低下が無かったことである。

(2) 減産への対応

減産が分かっている場合は、まず対応すべきは原材料の在庫管理である。通常通り原材料を発注してしまうと、余剰品が増加してしまうので、日々の生産を見極めながら、原材料の発注の量とタイミングを調整していく管理が大切である。また減産における余剰人員は、パート従事者を含めて多忙な部署への配転や営業への異動を行う。また、余剰人員を改善業務に転換させるのもよい。いずれ訪れる繁忙期に対応するための改善を、平時に行っておくのは生産の効率化をステップアップさせる大きなチャンスとなる。改善だけでなく、標準書類の整備や安全への対応、規定類の見直し等も含めて、いままでやらなければならないと思っても出来ていないも

■**図2 ― 全社補完体制**

の事は一杯ある。従って省人する場合は、優秀な人を抜き、改善や標準書の整備、新人の再教育等に従事してもらうべきである。パート従事者に退職してもらうのは、最後の最後とすることである。

トヨタグループ会社では、グループ会社間で従業員の補完をする場合もある。

中小企業においては、地元の商工会を通して加入企業間で仕事だけに拘らず、繁閑期に合わせて従業員の補完も検討したらどうだろうか。

2008年に起きたリーマンショック後、不況が長引き余剰人員が発生し、このとき多くの企業が退職不補充の対策を講じた。問題は退職者の業務をどのように引き継いでいくかであり、多くの企業ではBR（Business Revolution）推進体制が設けられた。業務の4Sを徹底して追求し、ムダな業務は切り捨て、必要な業務は高い効率化を図る業務改革である。筆者が勤めた会社も例外ではなく、業務の4Sと並行して、一人二役以上を徹底して推進し、退職者からの業務を引き継ぎ、退職不補充への必死の努力をした。

一方、この時に生まれた余剰人員による現場の改善組は、驚くべき進化を遂げた。退職まぢかの人達から図面の見方や電気制御を学び、小型のAGV（無人搬送車）を造り上げたのである。2年後には工場中を走り、今日ではバッテリーの残量が少なくなると、AGVが自ら判断して充電を行う「システム」になっている。

このように、減産になったらマイナス思考だけに陥ることなく、現場に「あったらいいな」と思っていたことに挑戦してみるといい。

3-9 在庫を減らすにはどうしたらよいか

　在庫削減活動では、計画部門にて取り組む項目と、製造部門で取り組む項目に大別される。

(1) 計画部門の取り組み項目

1）製品の種類を削減する

　在庫の種類数が多すぎて在庫管理が上手くいかないときは商品別売り上げ高をABC分析により時流に遅れている商品は思い切って中止するか類似品に統合する。

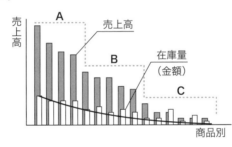

2）部品の共通化を図る

　多数の部品で構成される製品の企画・設計段階においては、部品の共通化を図ることにより部品種類が減り安全在庫数を減らす効果がある。

製品		部品	
種類	生産数	種類	在庫数
A	80	㋑	95
B	50	㋺	60
C	200	㋩	230
D	100	㋥	120
合計	430	4種類	505

→ 部品共通化 →

製品		部品	
種類	生産数	種類	在庫数
A	80	㋭	460
B	50		
C	200		
D	100		
合計	430	1種類	460

■在庫量と各要素の関係

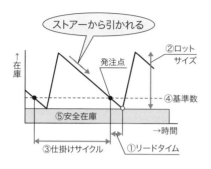

■在庫量とロットサイズの関係

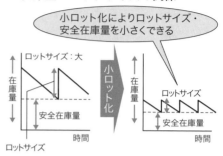

3) 発注ロットを小さくする
4) 仕掛けサイクルを小さくする

　発注ロットサイズを小さくするにはサプライチェーンの最適化に取り組み、情報・物流の①リードタイム短縮が必要である。また、③仕掛けサイクルを小さくするには②ロットサイズを小さくすることが必要である。仕掛けサイクルが小さくなると⑤安全在庫も小さくすることが出来る（上図）。

(2) 製造部門で取り組む項目
1) 製造リードタイムの短縮

　お客様の納期要求に応えるために製品在庫、仕掛け在庫を持って対応している会社が多い。ただし、本来は製造部門がリードタイム短縮により在庫を減らす努力をするべきである。リードタイム短縮は、第一ステップとして「ムダの削除」次に「付帯作業の削減」、第3ステップとして「付加価値ある作業改善」を行い、残った作業を寄せ止めすること

■リードタイム短縮の手順

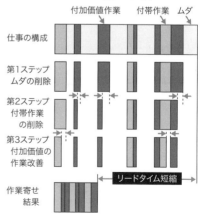

である。

2）在庫は上流で持つ

　工程は下流になればなるほど製品に近づくことになる。製品に近づけば在庫の種類は増える。例えば、**図1**で部品aは仕掛品1からは製品A、B、仕掛品2からは製品C、D、仕掛品3からは製品Eと製品Fが造られるとする。

　製品で在庫を持つ場合はA〜Fの6種類の安全在庫を持つことになる。仕掛品で在庫を持つ場合は、仕掛品1〜3の3種類の安全在庫を持つことになる。部品aで在庫を持つ場合は、部品aの1種類だけを安全在庫として持つのみである。種類数はもちろん部品aの在庫総数も減ることになる。

　鋼材やホース、ケーブルのようなものを長さ別に購入すると、部品種類数も総量も増えるので、ロール状態など長い状態で購入し社内で必要長さにカットすれば在庫はロールの1種類で済む（**図2**参照）。ただし、社内工数、歩留りに注意する必要がある。

■図1

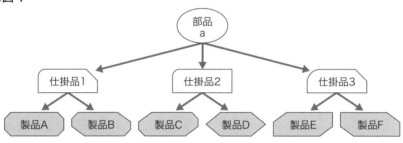

■図2

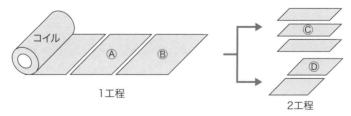

3-10 中間在庫を減らすにはどうしたらよいか

　本項で言う中間在庫とは、部品倉庫から製造部門に出庫され、経済的価値が付加された検査合格前までの部品・半製品・ユニット品等の仕掛品を総称する。仕掛け在庫を少なく保つ取り組みとして「ジャストインタイム」の思想がある。「必要なものを、必要な時に、必要な量だけ」生産したり、運搬したりする思想のことで、この思想を活用して中間在庫を減らすことが出来る。そこでジャストインタイムを実現するための三つの基本原則とロット生産の仕組みについて説明する。

1. ジャストタイム実現の三つの基本原則

(1) 後工程が引き取る

　後工程が必要なものを、必要な時に、必要なだけ前工程に引き取りに行く。

1) ショップ間の仕組み　（①⇒②の順序で行動）

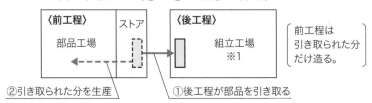

2) 組立工場等のライン生産の仕組み（メーンラインとサブラインの関係）

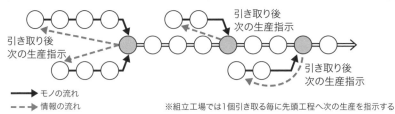

※組立工場では1個引き取る毎に先頭工程へ次の生産を指示する

（2）平準化生産できるようにする

生産量や種類の山谷を無くし、平準化した生産の仕組み

1）生産量の平準化　（単一製品）

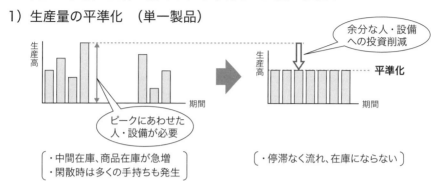

2）種類の平均化した生産の仕組み

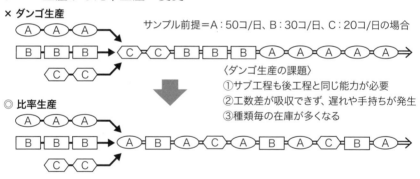

（3）必要数でタクトタイムを決める

　タクトタイムとは部品1個、または1台分をどれだけの時間で生産すべきかを決める時間値

$$タクトタイム = \frac{有効稼動時間（定時間）}{日当たり必要生産数}$$

である。決め方は、勝手に決めるのではなく、お客様の要求に合うように、売れるスピードに合わせて製品1個を、どういう頻度で造ればよいかを示す時間値である。数種の製品を1ラインで生産する事例を次ページに示す。

■平準化生産のタクトタイム事例

（前提条件）
定時間：460分 ①

	台数/直	タクトタイム
A製品	240④	1.9分（②÷④×③）
B製品	120⑤	3.9分（②÷⑤×③）
C製品	60⑥	7.7分（②÷⑥×③）
合計	420②	③1.1分（③＝①÷②）

〈平準化生産〉

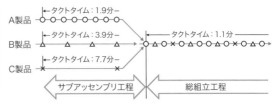

2. ロット生産の仕組み作り

　ロット生産の目的は、必要な数量だけ必要なタイミングで生産することである。部品によって、「生産量」「加工時間」「使用機械」が異なるので「ロットサイズ」を適正に決めて生産する必要がある。

　ロット生産工程における適正在庫は下図のⓐ〜ⓔの5要素から決まってくる。

　ロット生産工程の中間在庫を減らすには情報の流れ、モノの流れの整流化によるリードタイム短縮と製造工程の段取り時間短縮による小ロット化が中間在庫を減らすことに大きな効果がある。

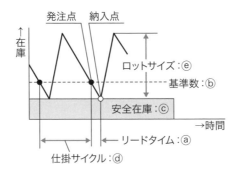

3-11 段取り時間を短縮するにはどうしたらよいか

　段取りとは、次の仕事を行うための準備のことである。段取りが長時間かかり、その間は生産が出来ないのは仕方がないので、大量の在庫で対応しているケースが多い。このような悪循環から脱出するには、問題の本質を見極めることが大切である。なぜなぜと考えていけば、段取りのために機械が停止し、生産ができない時間が長いことが問題だと分かる。トヨタグループでは、シングル段取りと言ってプレス金型や樹脂金型を9分以内で交換作業を完了させているが、その意味は段取りによる生産停止時間が9分以内にしているということである。

　それではどうやって機械を止めて行う段取り作業時間を短くしていくのか、代表的な定石を以下に述べる。
　第一に、内段取り作業の外段取り化である。段取り作業の中でどうしても機械を止めなければ出来ない作業を洗い出し、その他の作業は生産中に並行して作業をしておくように、段取り作業を区分するのである。例えば型の準備や使用する道具類の準備は生産中で進められる作業である。或いは使用済みの型を清掃したり、使用済み刃具を研磨し所定の場所へ収納したりする作業も生産中に実施できる後始末作業である。このように生産中でも出来る段取り作業を『外段取り』と言う。まずは段取り作業を見直し、外段取り出来る作業は徹底して外段取り化を推進することである。

■段取り時間短縮の概念

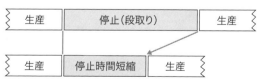

イラストは、ロボットが溶接作業をしている間に、次の製品の段取り作業を同時進行させている事例を示す。ロボットが溶接作業を終えると治具が回転し、先程段取りを終えた製品の溶接作業をロボットが継続して行う装置である。このように、段取り作業を外段取り化すれば、ロボットの停止時間を極端に少なくできる。

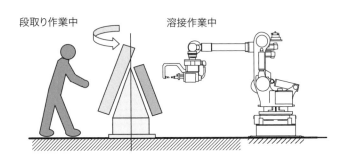

　印刷業においては、ドラムやインクパン等の汚れを清掃するのではなく、交換による時間の短縮を図り、機械を稼働させてから外段取り作業として洗浄して保管すればよいのである。

　下図は、印刷機内のインクパン汚れ防止用ビニールシートを貼り換えていた作業を廃止し、インクパンを交換方式にした例を示す。

　ビニールシート張り換え時間は7分程かかっていたが、交換方式では30秒ほどで終わり、機械を止める内段取り時間を6.5分短縮した。

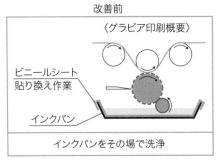
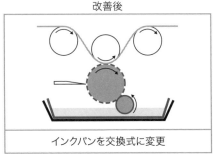

第二に、ネジからの解放がある。ネジは最後の1回転で締まり、最初の1回転でゆるむので、あとの動作はムダである。従って、型を機械に固定しているボルトをワンタッチクランプに変えるとか、機械と型をつなぐホースや電線等をクイックジョイント化する手を打つ必要がある。
　某企業では、型固定をボルトではなく、マグネットにした例もある。

　第三に、調整の排除がある。内段取り作業時間を長くしている要因として、調整作業がある。品質が良くなるまで、設定値を微妙に調整する訳である。なぜ微妙に調整しなければならないのか。それは今までの失敗や成功事例を活かしておらず、再発させているからである。例えば全てのダイハイト（金型の高さ）が違い、その都度調整が必要ならば、ダイハイトをせめて2～3種類に統一させる補助ベースを準備して外段取り作業で組んでおけば、停止時間を短縮できる。刃具のセットにはゲージを準備し、ワンタッチで所定の位置に固定できる工夫をして調整作業を徹底して廃止することである。
　ダイハイトだけでなく、型の幅も統一すれば、セットガイドにより簡単に所定の位置に取り付けられ、かつクイックジョイントも自動的に接続されてしまうのである。樹脂型の場合、所定の温度まで上げてから稼働させるが、保温作業は外段取り作業の一環とすべきである。
　次の写真はハム用パッケージの金型写真である。ダイハイトもサイズも異なり、型の交換作業時に調整が生じ、時間がかかっていた（改善前）。それぞれの金型に補助ベースを取付け、金型の大きさを統一した。その結果、型交換作業は常に一定になり、プレス機の動作調整や、品質調整作業はほとんどなくなった例である。

　以上説明して来た通り、段取り作業の短縮の第一義的意味は、機械を止めないと出来ない段取り作業時間の短縮のことである。これを段取り作業全ての時間を内段取りと考えて短縮しようとするからムリであり、諦めて

改善前：型のサイズが異なり、交換時は型に合わせた調整が必要

改善後：型のサイズを統一し、調整作業を廃止

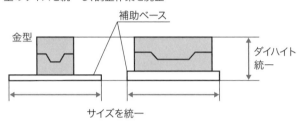

いる管理者・経営者が多い。

　図で示した通り総段取り時間を短くしなくても、外段取りと内段取り作業に分けて行うことにより、機械を止める時間が大幅に短縮できる。

■段取り時間短縮の手法

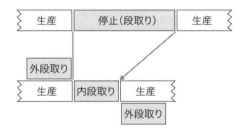

3-12 生産のリードタイムを短縮するにはどうしたらよいか？

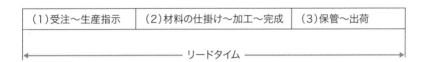

 生産のリードタイムとは一般的に物を受注してから、製品を出荷するまでの時間を言う。リードタイムに影響を与える時間は、時系列で挙げると次の三つに区分される。

(1) 生産指示情報の停滞時間
(2) 材料仕掛けから完成に至るまでの時間（加工時間＋停滞時間）
(3) 完成品の最初の1個（台）が出来てから、後工程が引き取る数の完成品が出来上がるまでの時間（生産数×生産タクトタイム／運搬）

 式にすると生産のリードタイム＝(1)＋(2)＋(3)となる。
 この式から分かるように、リードタイムを短縮するには、(1)(2)(3)の時間を減らすことになる。減らす方策は以下の通りである。

（1）生産指示情報の停滞時間を減らす
 受注から生産着手までの生産指示情報がスムーズに流れているか、情報の滞留はおきていないか、業務のフローチャート（次ページ図参照）を作り、問題点を検出し対策することが大切である。

工程分析
仕事の流れ図（フローチャート）を作成し、仕事が滞っている工程はどこか、問題点を見つける。

フローチャート
関係部署からの仕事の流れを時間の経過を追って表示する

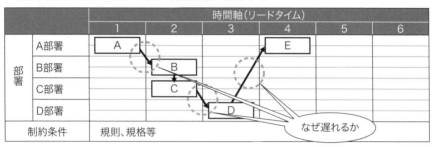

特に、上図の点線○印個所の各部署から次の部署に作業がバトンタッチされていく場合、次の表に示すように、現状をフローチャート（作業ステップの内容分析）で表示すると、生産指示書が製造部門に到達するまでの停滞が把握できる。

■**作業ステップの内容分析**

ステップ	各ステップの内容	作業 ○	運搬 ○	停滞 △	検査 □◇	時間 分
1	営業の係員が受注請書を作成	●				20
2	上司が戻るまで机上に一時置く			▲		10
3	本人が上司の机に運ぶ		●			2
4	上司の机の上で未決済中			▲		15
5	検討承認				■	3
6	上司の決裁箱の中			▲		30
7	営業の係員が生産管理へ運ぶ		●			5
8	生産管理の受付箱の中			▲		30
9	生産管理の係員が机に運ぶ		●			2
10	係員が生産指示書を作成	●				20
	︙			▲		

各ステップにおける停滞がなぜおきるのかを分析し、問題点を改善すれば生産指示情報の停滞をなくすことが出来る。

(2)（加工時間＋停滞時間）を減らす

①加工時間を減らす

加工時間を分解すると、「段取り（準備）＋加工＋後始末」となる。こ

の中で加工のみが付加価値を生む。従って、段取りと後始末の時間を短縮すると大きな効果が出る。

特に、段取り時間が長いのが問題である。段取り時間を短縮するには段取り作業を内段取りと外段取りに分けて考えることが重要である。

詳細は**3-11 段取り時間を短縮するにはどうしたらよいか**を参照。

②停滞時間を短縮する(究極はなくすこと)

停滞を改善するには、はじめに、どこの工程にどれだけ停滞時間があるのか？なぜ停滞するのか？を調べることである。

主な要因は、工程間に仕掛け数が必要数以上にあることが挙げられる。その原因は、「後工程引取り型」ではなく「押し込み生産型」の生産になっているためである。「後工程引取り型」生産にすると中間仕掛け数が減り、停滞時間が減る。そのためトヨタでは、後工程が必要な時に必要な量だけ届くように、カンバンを介して生産する仕組みを取っている。いわゆる、カンバン方式と称している。

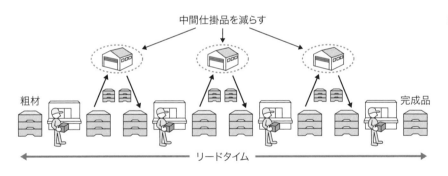

上図に示すように、工程と工程の間に停滞している中間仕掛け品を減らすことである。

(3) 完成品が出来上がるまでの時間(生産数×生産タクトタイム/運搬)を減らす

工程と工程の間の距離が遠くなると運搬効率を重視するあまり1度に運

ぶ数量が大ロットになる場合がよく見受けられる。

　例えば、下図に示すように工程と工程の間の距離が長いと、大ロット生産・運搬が行き過ぎて出来上がった物をいったん倉庫に収めて置き、倉庫から出荷しているといった本末転倒の生産を行っている企業も現実に少なくない。後工程が引き取った分だけ送る、造るのが基本である。一個流しがあるべき姿でありロット数は出来るだけ少なくする。前工程は後工程が引き取った分だけ造る（後工程引取り型生産と称す）のが基本である。下図に示すように、後工程引取り型生産がカンバン方式の原点となっている。リードタイム短縮の要諦は造り過ぎて中間仕掛品として停滞するのを防ぐことにある。カンバン方式は後工程が前工程に対して生産指示をするシステムであるから造り過ぎを防ぐことが出来るのである。

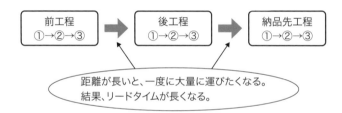

　このように後工程引取り型生産はリードタイム短縮の有効な手段であるので、まだ押し込み型生産をしている生産工程は、後工程引取り生産方式の導入に取り組んでもらいたい。

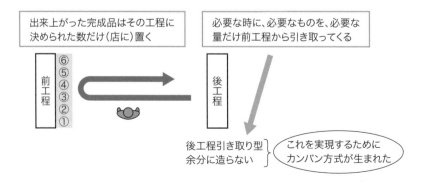

3-13 人による作業のバラツキをなくすには？

(1) 時間は動作の影……基本技能訓練

「人による作業のバラツキをなくすには？」という問題に対しては、「時間は動作の影」という言葉をかみしめる必要がある。

長く時間のかかる人は、長く時間のかかる動作をしているので結果としての時間だけを見ていたのでは改善につながらない。したがって、個人別の動作観測をして、動作の違いに着目することが必要である。作業をしている本人には気づかないことも多いので、ビデオの活用なども有効である。

このように、理にかなった動作が出来るように基本技能を訓練し、要素作業のバラツキをなくしてから標準作業に入ることになる。

(2) 標準作業の目的

標準作業の目的は二つある。
1) 誰がやっても、安全によい品質を安く造ることができる。
2) ムリ、ムラ、ムダを見つける改善の道具として活用できる。

(3) 標準作業の3要素

標準作業には次の3つの要素が記載されねばならない。

1) タクトタイム

タクトタイムとは1個あるいは1台を何分何秒で造らなければならないかという時間である。

$$タクトタイム = \frac{直当り稼動時間（定時）}{直当り必要生産数}$$

2) 作業順序

　作業の順序とは作業者が物を加工する場合に、物を運び、機械に取り付けたり、外したり、出来上がった物を次工程に送ったりする時間の経過とともに作業が進められる順序の事である。

3) 標準手持ち

　標準手持ちとは作業を進めるためには、これだけの手持ちが必要であるという工程内の仕掛け品のことを言う。仕掛け品は、物の流れと作業順序が同じであれば、工程の機械に取り付けられた数だけでよいが、物の流れと作業の流れが逆の場合は各々の工程に1個ずつの手持ちが必要になる。

(4) バトンタッチゾーン……バラツキの吸収

　以上のように「人による作業のバラツキをなくす」努力をしても必ずバラツキは発生することがある。そこで、隣同士の（前工程か後工程）作業者が作業のバトンタッチゾーンを設けて、陸上リレーのように能力の低い人に対しては前後の工程が助けてやることが出来れば「人による作業のバラツキを吸収する」ことが出来る。このやり方を「工程と工程の間に助け合いゾーンを設ける」と称している。

　例えば、下図に示すように助け合いゾーンを前工程と後工程の間に設けることによって作業者間の作業のバランスをとるのである。

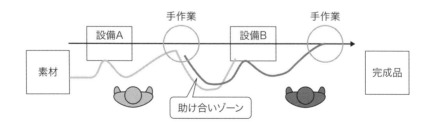

　大事なことは「バトンタッチゾーンに次工程作業者がまだ来ていない時にワークをおいてしまっては、いけない」ということである。多能工化を

はかり、次の工程も出来るようにして、出来るところまで進んでからワークを次の作業者に手渡しすることである。それによって、作業者の速さのバラツキをはっきりさせることができ、かつ、バラツキを吸収することができる。但し、これは、設備加工ラインのように人の作業が「ワークを運ぶ」「取り付ける」「取り外す」等の工程に当てはまることであり、作業者自身が組み立てるような工程では作業ミス（誤品、欠品、工程飛ばし等）の恐れがあるので避けた方が良い。

3-14 受注量に応じた人員編成はどうやって組めばよいか

受注量は季節、世の中の経済情勢などにより変動する。

受注量に合わせた生産をすることがトヨタ生産方式の基本であり、そこには仕事量が変動しても、いかに生産性（能率）を落さずに対応するかという考え方が示されている。能率は一定の時間内に何人で何個造ったか、という出来高を見るときの指標と定義されている。

$$能率 = \frac{生産量}{人員}$$

間違い易いのが仕事量に変化がないときに、編成人員を変えずに量を増やして能率向上を図るやり方は『見かけ上の能率アップ』と言って、改善にはならない。なぜなら、必要以上に生産性を上げても、造りすぎのムダ、在庫のムダ、手待ちのムダが発生させるだけである。あくまでも必要数だけを造るのがトヨタ生産方式の基本である（必要数こそオールマイティ）。難しいのは減産時の対応であるので以下に述べたい。

能率の計算式で分かるように生産量の減少で能率を下げない為には人員を小さくする必要がある。そのためには生産工程（職場）を『少人化』で生産出来るようにしていく必要がある。少人化とは必要生産数に比例して、能率を変えることなく何人ででも生産できるラインや工程のことである。即ち生産量が変動すれば1人当たりの仕事量も変動させることに注目すればよい。増加時は仕事を分割し、減産時には仕事を増加させる対策をすることになる。

人の仕事量を変化させるためには、作業者の多工程持ち化とそのための教育、レイアウトでは設備の配置替え、作業者が離れ小島にならない工夫と動線の短縮化など、多岐にわたり実施すべき内容がある。生産変動も急に来る訳ではなく、年間の見通しや方針によっておおよその日程が決まる訳だから、その時に向って人の教育や設備移動の準備が必要である。

3-14 受注量に応じた人員編成はどうやって組めばよいか

まずは作業者が自工程以外の仕事を習得し仕事の幅を広げるためには、日頃から職場内で計画的にローテーションを行い、スキル一覧表で各自の技術・技能習得状況を分かるようにしておかなければならない。また、作業者への動機付けを実施し、技術・技能習得への競争心を持たせることが大切である。各人が複数工程の仕事を習得すれば能率を落とすことなく人員編成が容易にでき、結果的に少人化による生産が可能となる。そして究極的には1人でも生産できる多能工によって、能率を落とさず少量生産が可能になる。

次の対策は、編成人員全員のサイクルタイムとタクトタイムとの差に注目した省人化による方法がある。サイクルタイムとタクトタイムの差は、所謂手待ちである。手待ち時間はほとんどの作業者が少しずつ持っているものであるが、減産となると更に手待ちが増えることになる。これを利用して、ある省人化したい工程の作業を、その他の手待ち時間分に割当て、省人したい人の作業を徹底して減らすことである。それでも残った半端な作業は隣接する工程へ移管するか、隣接工程とのシェアで撲滅させる。

このように減産時のタクトタイムに合わせ能率を落とさないで生産するためには、人の動きを阻害する要因を見つけて対策する必要もある。その具体事例を以下に二つ述べる。

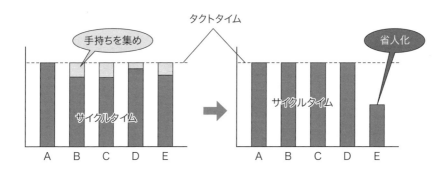

（1）レイアウトの中に存在する阻害要因と対策

　多工程持ちで人の作業が増加すれば担当設備の数も増え、おのずと動線も長くなるので、歩行時間が増加する。歩行時間の増加は当然の如く能率低下の要因になる。ましてや作業場所が離れる『離れ小島』が発生すると、多工程持ち作業のためにはさらに歩行距離が増加し、手待ち時間内での応援は困難になる。

　また、直線的なレイアウトで長いラインの場合は、最初の工程と最終工程が遠く離れてしまい、作業を助け合うには歩行距離が長過ぎて作業編成見直し時の阻害になってしまう。このためレイアウトは入口と出口を一緒にするU字型やコの字型にし、その中に作業者人を配置すれば工程間の距離が短縮されて助け合いが容易になる。このように人を出来るだけ1箇所に集めたレイアウトにして、弾力的に助け合いが出来るようにすることが少人化（生産量の増減に合わせて人員を増減）するには有効な手段になる。3-4 人・モノ・情報の流れとはなにかも参照のこと。

（2）設備の自動化による阻害要因と対策

　自動化したために自由な人員編成を阻害する場合がある。自動化した設備が中央に居座り、人の流れが自動機によって分断された状態を言う。ひどい場合には離れ小島となることがある。

3-14 受注量に応じた人員編成はどうやって組めばよいか

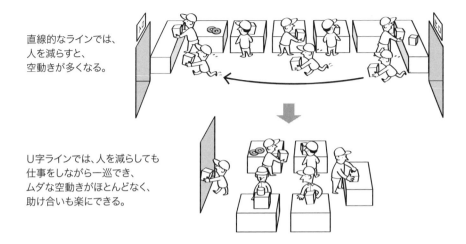

直線的なラインでは、
人を減らすと、
空動きが多くなる。

U字ラインでは、人を減らしても
仕事をしながら一巡でき、
ムダな空動きがほとんどなく、
助け合いも楽にできる。

　このような弊害が将来にわたって生じないようにするためには、工程の流れの中で自動化する工程は後工程から自動化することである。自動機と自動機の間には人の工程を入れないようにするためだけではなく、後工程の方が比較的自動化しやすく、投資効果が大きい理由もある。自動化する場合は自動機の工程と人の工程を棲み分けることが少人化工程を実現する重要な要件のひとつである。また、自動化において大切な要件は、いつでも移動できる根のない自動機にすることである。今はよくても将来には更によくするために、必ず移動したくなるものである。その時の足かせにならないように、今から配慮が重要である。

　人の編成を変えるときは作業者の協力が必要である。作業者に理解と納得を得る説明をきちんとして、省人化する時は優秀な人から減らしてゆくことが肝心である。生産量は常に変化するものである。その変化にいかに早く対応することが出来るかによって、企業の利益は左右される。変化に対応できる企業こそ存続できるのである。

3-15 可動率を向上するには なにが必要か

　トヨタ生産方式では設備の効率を可動率で評価する。可動率は、運転したい時間に正常に動いた時間の割合で示し、逆の割合はライン阻害率を表わした値である。正常に動いた時間とは正常に生産している時間であり、設備故障での停止は勿論、標準作業である段替えによる停止時間さえも除外される。従って可動率の向上は、設備故障の未然防止や段取り替え時間の短縮が不可欠な活動となる。段取り替え時間の短縮化は別途取り上げるので、ここでは設備故障の未然防止について述べることにする。

　自分が担当している設備や機械のあるべき姿を維持するために、まずは『マイ・マシン活動』を行う必要がある。

　　　　わたし造る人、あなた直す人になっていませんか？

　設備故障の未然防止対策ではじめに取り組むのは『清掃』である。清掃することにより、ごみ、異物、汚れの除去の実施、これにより設備の劣化、精度不良などの予防になる。清掃することにより設備の各部に触れ、見たりすることにより、緩み、熱、振動、異音、がた、錆、その他故障につながる兆候が発見できるのである。その兆候の度合いを清掃時に繰り返しチェックすることで、故障が起きる前に対策に結び付けることが出来るのである。設備の状態を常に気を付けて見守る姿勢が『マイ・マシン』である。

　マイ・マシンとしての愛着が湧いてくることが大事なことである。そしていつでも正常に動いてもらうためには、その機械についての性能と、設備を止めないためのスキルが必要である。

　要求される能力としては

①現象を発見する
②現象を正しく判断する
③現象に対して正しく処置をする
④元の状態に回復させる
⑤現象を未然に防止する
⑥現象を予知する

などがあり、教育訓練を受ける必要性がある。

　毎日設備を取り扱っている人が一番設備の状態を知っている。稼働中の異常を5感（音、匂い、熱など）で感知し、故障の兆候を予知することが何よりも大切である。

　また、自分たちで使用する設備は設備メーカーが製作したままの状態で使用するのではなく、自職場の作業に適した改善を施すことも大切である。設備メーカーは必要な機能は造るが、使い勝手、メンテナンスのやり易さまで考慮してはいない。自分たちの知恵で設備を育てることが『マイ・マシン』の狙いでもある。

　トヨタ生産方式では『目で見る管理』がある。設備の状態を可視化により未然に異常を発見する方法である。その具体例としては、

①計器類には正常値のマークを付与
②配管内を流れる液体・気体の明示とバルブの開閉状態の表示
③ボルトナットの合いマーク（緩みの有無の見える化）

などが規格化されており、正常な状態を誰が見てもすぐ判断出来るようになっている。

　設備は自分たちの作業に必要な機能があれば十分である。高性能の仕様や必要以上の機能を付けると、故障の度合いも増加する。また、設備がブ

ラックボックス化すると、異常の発見ができなくなるばかりでなく、故障した時の対応時間が長期化し、可動率が悪化することになる。必要機能と知恵を加えて使いやすく故障しない設備にしておきたいものである。

なお具体的な知恵の例としては、キャットウォーク（点検通路）の追加、集中給油方法への改善、定期交換部品のワンタッチ交換化、清掃のやり易いカバー構造化、ミラーによる裏側の確認、影絵つき工具収納ボードなどがある。

下の写真は、マイマシンを点検し易くした事例である。

新規設置した当時は、機械の中まで点検する必要もなかったが、時が経つにつれて異音を発するようになって来た。その都度カバーを取り外して点検を行うのは面倒だった（改善前）。

そこで、カバーの一部を切り取り、透明な樹脂板を取り付けて点検窓を設けたことにより、カバーを外すことなくいつでも点検が可能となり、予防保全が可能となった（改善後）。

他人任せの機械では、このようなアイデアは出て来ない。やはりマイマシンという愛機精神によって可動率も向上するのである。

内部点検窓の設置

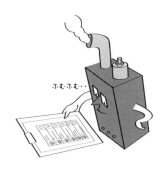

3-16 非量産品の標準書はどのように作成すればよいか

　非量産品に対する標準書は、活用する前に製品の打切りを迎えるために、作成してもムダという考えが先行し、作成されずにいるのが現状である。一方では標準書があれば、業務を円滑に委譲したり、品質の向上や原価低減などに役立てられることも経験的に知っている。このような両者のジレンマに悩んでいる企業が多いので、非量産品に対する標準書はどのように作成すべきかについて取り上げてみる。
　まずは本題に入る前に、標準書を作成する目的について再度整理して見ると、下記の通りである。

(1) 誰がやっても同じ品質の製品を同じ手順と工数で造る。
(2) 品質問題が出た場合にトレーサビリティを可能とする。
(3) 更に「楽に早く安全に」造るための改善の道具とする。
(4) 管理の基本資料として使用する。
(5) 教材として使用する。

　従って、これらの目的が標準書に織り込まれればよいことになる。
　次に標準書はいつ作成すべきかを考えると、計画時に作成し、試作段階で検証し、量産前の作業訓練から実作業者が使用する訳であるから、その時期に合わせて作成・発行されなければならない。しかし、非量産品の場合は、計画や生産過程には量産品のようなステップはなく、いきなり製品化というケースがほとんどの企業で実施されている。よって非量産品生産においては、標準書を作成したり試作したりするステップがないので、余計に標準書の必要性も感じなくなるのである。
　非量産品と言っても、形や材料が違うだけで、作業のやり方（要素作

業）は同じである。ここに注目すれば非量産品の標準書もどう作成すればよいかが見えて来る。例えばボルトを締めるという作業を誰もが確実に行うためには、斜め入りを防止するために、いきなりインパクトレンチで締めるのではなく、

①手で仮締め
②インパクトレンチで本締めする
という2段階の作業手順が標準となる。

　更に複数個所をボルトで締め付けるには、

①手で〇箇所を仮止めする
②全部のボルトを手で仮止めする
③△の箇所を低トルクで締める
④図示した順番にインパクトで本締めする
という作業標準になるはずである。車のタイヤ交換では、誰もが常識的にこのような標準で作業をしているが、非量産品というだけで、常識的な標準を忘れてしまったり、守らなかったりする場合が多い。
　溶接作業でも仮付け方法やその箇所が、製品の品質や機能・性能を大きく左右する要因である。また溶接長さの違いによって製品の熱ひずみ量が違うので、作業要領をきちんと決めて、誰がやっても製品の品質基準を満たすようにしておかなければならない。そのような要素作業をいくつも重ねて、大きさを変えたり、形状を変えたり、全く別の製品を製作している訳である。非量産品の代表的製品とは、型・治具であったり、家であったり、看板であったりする。
　しかしどんな企業でも同じ要素作業の積み重ねであり、その組合せしか出来ない。またその繰り返しで技術・技能が磨かれ、信頼される企業となって受注が来ている訳である。

3-16 非量産品の標準書はどのように作成すればよいか

　結論としてまとめると、非量産品の標準書とは、要素作業の標準書として作成すればよい。沢山の要素作業の標準書を棚の中に整理し、この製品に必要な要素作業の標準書一覧を作業者へ渡せばよい。そして次の製品に必要な標準書も棚から選んで作業者へ渡せばよい。もちろん作業者は要素作業を全部出来るように、訓練しなければならない。それでも不具合が出たならば、要素作業標準書を直さなくてはならない。

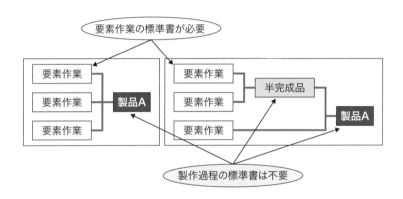

　非量産品の生産のための標準作業組合せ票を作っても、次の製品毎に変わる訳だから、作成しても意味が無い。要素作業ならどんな非量産品にも使える標準書になりえる。しかも前述した標準書の五つの目的にも適合するので、ぜひ諦めずに標準化を進めて頂きたい。

3-17 工数を低減するにはどうすればよいか（その1）

仕事の構成は大別すると以下の通りである。

(1) 正味作業
(2) 付加価値のない付随作業
(3) ムダ作業

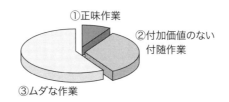

工数を低減する上では、上記の逆の順番に行うのが良いとされている。なぜなら、ムダや付随作業の低減による工数低減は、現場での問題が見えやすいだけでなく、試行錯誤も実践も現場だけでやれることが多い。それに比べて正味作業の改善は、例えば機械加工の削り代を見直す場合のように、材料精度や設計・生産技術との調整が必要になるなど、現場だけでは解決できないケースが多い。

ところで、米国の学者ギルブレスが約100年前に、地球上の物質が100種余りの元素から出来ているように、人間の動作も18種の動素から成立していることを発見し、彼の名前の綴りを逆に綴って、サーブリックと名付けた。人間のあらゆる作業は18種の動素の組合せであるが、このように動素ベースで見ると「組立てる」「分解する」「使う」のみに付加価値があり、それ以外は付随動作と付加価値のない動作に区分される。付加価値のない動作の中には、「休む」とか「考える」といった動作が入っている。仕事中にそんなことはないと思うでしょうが、「休む」は手待ち、「考え

3-17 工数を低減するにはどうすればよいか（その1）

■サーブリック表

第1類(仕事に必要な要素)					
①組付け	②分解	③使う	④つかむ	⑤空手移動	⑥荷重移動
#	#	U	∩	⌣	⌒

第2類(減らす要素)							
⑦放す	⑧位置決め	⑨前置き	⑩調べる	⑪探す	⑫見出す	⑬選ぶ	⑭考える
⌒	9	8	0	○	⊕	→	?

第3類(排除する要素)			
⑮保持	⑯避けられない手持ち	⑰避けられる手持ち	⑱休む
∩	∽	⌐	?

白色動作：付加価値のない動作

白色動作：ムダな動作

る」は使用機械や切削条件の設定などで聞いたり調べたり、といった日常の場面に相当することを思い浮かべれば、誰にでも心当たりがあるのではないだろうか。

　まずはムダな動作の排除から実例を説明することにする。

　ムダな動作の代表例が「探す・見出す・選ぶ」である。
　このムダな動作を低減するには4S、特に2Sが大事であるが、多くの書籍で述べられているので、ここでは省略し、トヨタでの徹底した事例を紹介する。
　トヨタの組立工場は、勿論工場によってバラツキがあるが、約1～2分に1台のペースで車が生産されている。しかも1台1台がミックスで流れているため、以前はその車の仕様に適した部品を組み立てるには、作業者が指示ビラ（仕様書）を見て、部品を探し、見出して取出すことを毎回繰り返していた。このムダを撤廃した方式がSPS方式である。SPS方式とはSet Parts Supplyの略で、その車に組み付けるパーツを別の場所で準備して、1セットだけ組立の作業者のところに供給する方式である。従ってSPS方式にすると、作業者は探すことや取りに行くことから解放されて、送られて来た部品を組み付けることだけに集中することができる。このよ

うな方式を採用することによって、組立ライン従事者全員が「探す・見出す・選ぶ」というムダな動作から解放されたのである。但しSPS方式では、パーツを組立から離れた場所で1セットずつ準備しなければならないので、準備工程→組立工程までの運搬の動線が長くなるという宿命がある。その問題を解決するためにAGV（自動無人搬送車）やトロリーコンベヤーの活用で無人化を図っているのが一般的である。

このようなシステムは会社の規模の大小には関係ない。多車種少量生産をいかに少スペースで実行できるか、作業者がどうしたら楽に早く安全に付加価値のある作業のみに集中できるかを検討すれば、工数低減に大いに貢献するようになるはずである。

サーブリックの補足

　ギルブレスが発見した人間の動作は、18の動素から構成されていることをより細かく見てみよう。

　実際の現場での作業を見ると、きき腕だけを使用する片手作業が多いことに気づく筈である。例えば右手は「組立」「分解」「使う」という動作をしているが、左手は「つかむ」「保持」などの付加価値のない動作をしていることが多い。両手ともに、付加価値のある動作をするためには、治具の活用が有効である。

　下図はテーブル上で製品のバリ取りをする作業である。改善により製品受け用の治具を設けてやることで、両腕の負担が軽減し、生産性が向上した例である。

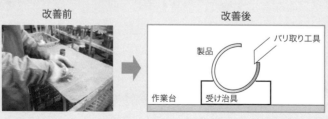

3-18 工数を低減するにはどうすればよいか(その2)

　工数を低減するには様々なツールがある。ここでは『標準作業組合せ票』を作成して工数低減を図る方法を紹介する。

　標準作業組合せ票は、標準作業を指示するための標準3票の一つである。その様式は、縦軸に作業手順と時間、横軸は時間軸を示すマトリックス表形式となっている（**図1参照**）。そしてこの様式に、一人の作業者がタクトタイム内に実施すべき作業手順を記入することになるが、歩行も作業の手順として記入されるのが特徴的である（**図2参照**）。

　トヨタの場合、最初の標準作業組合せ票は量産開始前の試作段階で作成し、量産に入ってからも工数低減のツールとして使用されている。改善の度に変更されて進化させていく標準書である。しかし中小企業の多くは、試作段階がほとんどなく、いきなり量産に突入するケースが多い。そのため、標準作業組合せ票は実作業を見ながら作成することになる。

■図1 ― 標準作業組合せ票の様式例

品番	標準作業組み合わせ票				必要数／日	手作業	自動	歩行	作成者	承認
品名					タクトタイム	☐	┊┊┊┊	＼		
工程名	時間（秒）				組み合わせ線図（秒）					
工程	作業名	手作業	自動	歩行	20	40	60	80	100	120	140	160

標準作業組合せ票への記入が完成したら、やっと工数低減のスタートラインに立ったことになる。完成した標準作業組合せ票を見ると、歩行の回数が多いとか、この作業の時間が長いとか、タクトタイムをオーバーしているというような大問題も見える化され、何が問題で工数が多くかかっているのかを再認識できるようになる。このように標準作業組合せ票を精査することによって、何が問題で工数が多くかかっているのかさえ分かれば、読者の方々にとって対策は容易なことではないだろうか。

昔、標準作業組合せ票を作成するのは、実は容易なことではなかった。

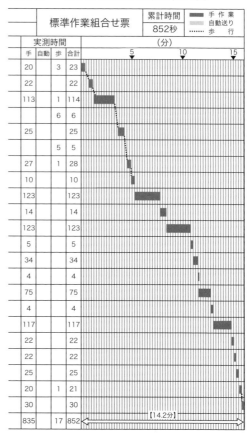

■図2 － 標準作業組合せ票の記入例

現場にストップウォッチを持ちながら何時間も立ち、作業手順を何度も観察し、一人分の標準作業組合せ票を作成するまで、何日もかかっていた。

しかし昨今では、ビデオによる定点観察が可能になり、大変楽になって来た。しかも、作業解析ソフトが入っているパソコンに入力すると、時間の表示やスロー再生も自由にできるようになるので、標準作業組合せ票を作成するには大変便利なソフトがあるので、多少金はかかるが活用されるのも1案である。

3-19 工数を低減するにはどうすればよいか（その3）

　トヨタ生産方式では標準作業組合せ票と並んで『標準作業票』という帳票がある。いわゆる動線図であるが、標準3票の一つとして工数低減のツールとしては欠かせないのでここに紹介する。

　標準作業票（以下動線図という）は、1人の作業者の作業順序を平面視で簡単に表わした図が主体である（下図参照）。

　動線図は、タクトタイムの中でどのような順番で作業をしていくのかを示した図で、下図では①から始まって⑦までの順に作業を進めるように指示されている。下図とは違って、直線的な配置の場合、⑦から①への戻り歩行が長くなることが明示されることになるので、歩行が長いという問題が見えてくることになる。しかし下図では、U字レイアウトに設置され、歩行距離の問題はない。

　それではこの図には表れていない物の移動に問題はないのかと疑い、現

■標準作業票（動線図）の一例

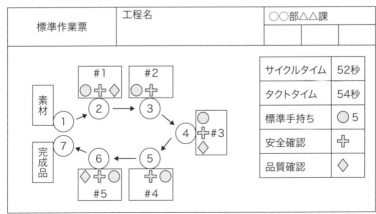

場を確認して見る。案の定、工程間で物を床上に置き、次の工程ではそれを持ち上げてセットしているようなケースが良くある。いわゆるダブル・ハンドリングの動作である。このような場合は簡単なシューターを設けて、水平移動に変えて物の上下動作を軽減してやると工数も短縮し、楽な作業になる。

次に問題になるのが、各工程の機械加工時間または手作業時間差から来るアンバランスによる停滞である。そのような場合、人が作業を完了しても機械加工がまだ完了していないいわゆる手待ちは、解消しなければならない。人が戻った時に、機械加工は完了しているのがあるべき姿である。何故ならば機械は一旦購入すると、埋没原価であるのに対し、人には毎月給与を支払い続けなければならないからである。

また、①〜⑦までの作業を標準時間通りに作業を終えることをサイクルタイム[※1]といい、タクトタイム[※2]に対して余裕があるのか、あるいはオーバーしているのかを確認するツールとしても使用することができるのは、標準作業組合せ票と同じである。それでも動線図の方が、何の仕事を足したり引いたりするのかを具体的に示すことができる。所謂、少人化工程にした場合の人の増減や隣接工程との掛け持ち作業を明確に指示できる標準書である。

この動線図も工数低減するポイントを教えてくれる標準書なので、是非その都度の状態を明示し、更なる工数低減への道具として役立てて頂きたい。

※1　サイクルタイムとは、1人の作業者が標準作業を1回分実施するための時間
※2　タクトタイムとは、必要数に基づいて製品1個当たりに許容できる作業時間

3-20 工数を低減するにはどうすればよいか（その４）

　工数が多くかかってしまう要因の一つに、「考える」という要因がよくある。例えば前回の加工条件はどのように設定したのか、今回も同じでよいのか、といった日常の場面は多くある。中小企業の場合は、今度はこんな部品を10個受注したが、どうやって造り、どうやって精度を保証すればよいのか、その都度考えている状態が見受けられる。しかもコピー図面を広げて生産現場であれこれ検討しているのでは、本来の生産現場ではない。

　かつてセントラル自動車（現トヨタ自動車東日本）の設備を造る工機部門では、溶断工程をはじめ、溶接工程や機械加工は勿論、組立工程、検査工程まですべての工程の作業者が図面を見ては考え込んでいた。その原因は、自動車生産用設備というものは、ほとんどの設備が右側用と左側用の設備が対で存在するのであるが、いつも右側の図面しか作成されず、左側はこれに対称で製作のこと、と注記されるだけであった。従って各工程の作業者は右側のコピー図面を見ながら、対象の左側も造らなければならなかった。自分の右手を見ながら左手を描くのですら難しいのに。

右の図を見ながら対称のものを描け。
これでは考えてしまう。

　設備設計がドラフターなどで手書きだった時代からコンピュータによる自動製図が可能になった初期の時代まで、対称品は人間の頭の中で考えて製作していたのである。3D-CADが安く導入できるようになってはじめ

て、対称の図面が立体的に出図されるようになり、作業者の悩みは消えたのである。対称の立体図をはじめて見た時は、それでも理解しがたいほど複雑であった経験を覚えている。

　現場での「考える」というムダを省いて工数を低減させる有効な手段として、3D-CADを大いに活用することを薦めたい。

右の図で描け。これなら考えずに済みます。

　また曲げ加工にしても、最終形状の図面だけではなく、展開形状図も添付することによって、製作者側は計算することなく製作に打ち込めるようになるのである。

■展開長を織り込んだ図面

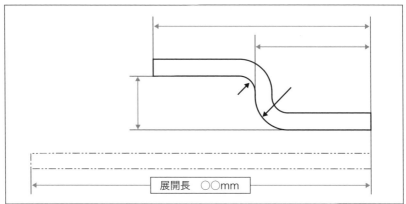

3-21 工数を低減するにはどうすればよいか（その5）

　加工そのものを変えて工数低減を図る方法もある。

　最も大きな効果が得られる半面、かなり慎重に実施しないと、製品そのものをダメにしてしまう場合がある。そのような懸念が付きまとうため、必ず試作をして製品の再評価を実施する必要がある。

　加工そのものを変える場合の一般的な手法はVA・VE（価値分析）に準じた方法で進めると良い。VA・VEは製品の機能を徹底的に追求し、ムダと思われる加工を省いてしまう手法である。例えば簡単な例では、コンクリートの内部に埋め込まれる部分をきれいに仕上げる必要があるのかといった追求である。基礎としての強度と耐久性が確保させれば、見えない箇所であり、仕上げ加工は不要となる。

　自動車の組立でも、昔の車両では衝突を和らげるバンパーの表皮を10ヶ所ほどボルトで締めていたが、今では嵌め込み方式となり、ボルトは1本も使っていない。このようにVA・VEの手法を使うと加工そのものを変えたり、廃止できるようになる。

　VA・VEによる工数低減の効果は非常に大きな効果になる。製品設計の変更を伴うVA・VEだけではなく、同じ視線で現場の工法にも目を向けると、加工そのものを変更できることが沢山ある。例えば、機械加工における基準面加工は、今までの慣習で実施している場合が多い。基準面加工は、素材のバラツキを解消するための予備加工である。ならば、素材のバラツキを抑えれば良い訳である。日本製の鋼材にはバラツキはなく、鋳物の技術も向上し、基準面を加工しなければならない理由など、ほとんど無くなっている。それでも基準面加工を必要とする精度を要求されるのならば、5面加工機で一気に加工した方がよい。

　また、どう見ても不必要な品質を確保している分電盤や制御盤もある。

加工途中で発生してしまう熱ひずみをパテで修正し、それから塗装している。設置場所を聞くと、屋上や受電所、道路脇などであるが、盤面にひずみがあると何が悪いのか判断できない。せいぜい屋外に設置した場合に、雨水がひずみ部分に残ってシミになる程度だと思うが、VA・VEの思想をベースに客先との交渉も加工を低減する有効な手段である。

VA・VEとは別に、トヨタ系列での工数低減活動例について2～3追加して紹介する。

(1) 鋲釘類の統一による工数低減

自動車の組立には数え切れないほどの鋲釘類を使う。同じような部位でも車種が異なると、違う鋲釘が設定してあるものである。これでは現場は困る。なぜなら鋲釘の選択と工具の持ち替えが必要になるからである。従って現場の要請として、車種間の使用鋲釘類を統一して貰うよう、設計部署へ提案する。ほとんどの場合は承認されるが、中には侃侃諤諤と議論することもある。

(2) 定点取出しや定量取出しによる工数低減

『定点取出し』とは、最初の1個を取出すのも、最後の10個目を取出すのも、同じ位置から取出せるように工夫した仕掛けのことである。これによってモノを取出す作業が絶えず一定になり、1サイクルの作業工数がいつも一定に保たれる。取出しの位置が異なると、歩行距離も変化し、工数が増加する傾向になるものである。

『定量取出し』とは、鋲釘類を掴むとき、絶えず必要数だけを掴めるようにしたカラクリである。定量取出しによって、不足した時に再度取りに行くことも無く、余分に掴んだ

■定点取出し装置

(旧セントラル自動車　現トヨタ東日本)

時には返しに行く必要もなくなる。これによる工数低減効果は大きく、作業のやり直しが無くなるので大変楽になる。

(3) 組立は原則1人作業

　エンジン、タイヤなどの重量物、フューエルパイプなどの長物、天井などの大物の組付けも、補助具や投入装置を使って1人作業ができるように工夫されている。2人でのペア作業はどうしても干渉が起きたり、手待ちが発生してしまうからである。

　その中でも現場の知恵が入った方法を紹介しよう。

　長物の一つであるインパネリィンフォースという強度部材がメーター類の内側に取り付いている。この部品は左右のフロントピラーに締めつけられ、ハンドルやブレーキペダルを固定する役目と、車体強度を向上させる重要な部品である。ところが左右の端をフロントピラーの内側に締めつけるには、部品とボルトと締付工具のインパクトレンチを持たなければならない。俗に手が3本必要だと言われる作業である。その時だけ応援に来てくれる標準作業になっていたとしても、タイミングが合う訳がない。そこで工夫されたのがフロントピラー内側の片方には予めボルトが溶接され、一方にはナットを溶接して、長物の片方を溶接されたボルトに引掛けることを可能にしたのである。そうすれば締付工具を持った手でも楽に部品を保持できるようになり、締付作業が1人で出来るようになる。この方法は比較的小さな部品にも応用され、部品を車体の所定の位置にぶら下げておけば、一旦両手を部品から離し、締付工具や鋲釘類を取出す作業が楽に出来るようになる。

　大事なことは、1人作業が出来るように知恵と工夫で改善を重ね、努力することである。

3-22 自動化を導入するにあたっての注意事項は？

　単純に考えると、自動化による工数低減が一番手っ取り早い。自動機は早く、正確に、しかも休みなく働いてくれる。しかし、トヨタでは安易な自動化の導入を戒めている。それはどういうことなのか。主な要点を五つほど列記してみるので、是非ご参考にして頂きたい。

(1)　トヨタでは、標準作業を重要視し、標準書がない作業は製品品質の保証のみならず、安全な作業の保証にならないため禁止している。標準書があってはじめて作業が可能となる訳だから、標準書があればその通りの動きを機械化または自動化すればよいことになる。ところが、標準書というのは今のやり方が一番良いと思って作成されているものである。その中には、部品を少し離れたところに置くしかない状況を、歩行時間として標準書に記載されていることもある。

　このような標準の下で自動化すると、部品の移動のため少し長いコンベアが必要になる。しかも自動化した割には、コンベアに乗せる作業工数は依然と残り、工数低減の目的は果たしていないことになる（1-1の(3)「先入観からの解放」参照）。それゆえ自動化する場合は、標準化された現状から更にムダを省く改善をし、その後に自動化に踏み切らないと、現状のムダな部分にまで余分に金をかけた自動化になってしまう。更に長いコンベアなどは、将来にわたって障害物となりかねない。このようなムダなコンベアを事前に廃止する現状の改善が大切である。以前、ある会社でプレスした製品を振りむいて自動コンベア上に乗せ、次工程に送る工場を見たことがある。どう見ても次工程へ送るのは、重力を利用したシューターで十分と判断した。しかも製品を立てればプレス機と作業者の間にシューターを配列できるので、振り向き作業も必要なくなるはずである。勿体な

い投資をしたものだとつくづく感じた。現状のものづくりをそのまま自動化したのでは、ムダな部分も自動化してしまう例である。自動化する場合は、現状をもう一度なぜなぜ解析で見直し、ムダな部分を徹底的に排除してから踏み切るべきである。

(2) 次に大事なことは、自動化する場合はニンベンのある『自働化』をしなければ、工数低減にはならないことを肝に銘じておくべきである。単に自動化した場合、異常が起きても誰かが止めるまでその機械は動き続けてしまう。そうすると不良品の山を築くだけで、会社にとっては工数低減どころか損失を出してしまうことになる。そのようなことが起きないようにするためには、自動化した機械に監視人をつけなければならなくなり、何のために自動化したのか分からなくなってしまう。そこでトヨタ生産方式では、異常があったら止まる『自働化』という考えを機械に装着させることになっている。この仕掛けを持つことによって、監視人が不要になり、自動化した分の全工数が浮き、別の作業に活用できるようになる。監視人がいたら、監視をしなければならない要因をつきとめて、異状があったら信号を出す、定量になったら信号を出すなどの工夫が改善のポイントになる。

(3) 自動化するに当たり自働化と同様に大切なことは、可動率である。

可動率は、動かしたい時に動いた時間の割合をいう。どんな機械でも永久に動くものではない。稼働させたい時に故障ばかりするような機械は足手まといになるばかりである。やはり日常点検や定期点検をして機械の予防保全をしておくことが大切である。一方、機械や自動機は段取り時間を短縮する工夫も可動率を上げる重要な要素となる。例えば刃具を交換するのも、誰がやってもワンタッチで簡単に位置出しができる工夫や、型治具を交換する場合のボルト脱着作業からの解放などの手を打っておかないと、機械が止まっている間多くの作業者が手待ちをすることにもなりかねない。

(4) 更に付け加えておきたい点は、いざ故障した時のブラックボックスをつくらないように、精通した保全マンの育成、或いは故障部位のユニット交換を可能にした工夫も考慮すべきである。また、故障や点検時のアフターサービス体制もしっかりと持っているメーカーへの発注であればなお安心である。

(5) 自動化の導入は後工程から推進することである。

　その理由は二つある。一つは、後工程の方が自動化し易く費用対効果が上がるからである。例えば自動車の車体を造る工程では、前工程で部品を仮止めし、後工程で増打ち（残りの溶接をすること）するように設定されている。従って前工程では、部品を仮止めするための自動化された治具とロボットの組合せが必要であり、投資額も大きなものとなる。その割にはロボットが実際に溶接する箇所は数点しか出来ない。これに対し後工程は仮組みされた車体本体を増打ちするだけとなるので、ロボット1台で50～100ヶ所を一気に溶接可能になるのである。つまり前工程と後工程では、ロボット1台当りの費用対効果が全く違い、後工程の方が有利になるのである。自動車に限らず一般的に、ものづくりの工程は前工程ほど複雑な下準備作業があり、後工程になるに従って単純化されるケースが多い。単純化された後工程の方が自動化を簡単に安く導入し易いのである。

　もう一つは、後工程を自動化しても作業域を分断させて、離れ小島をつくるようなことをしなくて済むからである。工程の中間部を自動化するのは最悪で、その前後に離れ小島が生じてしまい、助け合いによる工数低減は不可能になってしまう。

良い自動化
助け合いが可能

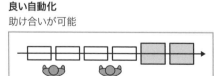

悪い自動化
作業者が離れ小島

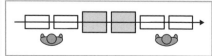

自動化を検討するには以上述べたような点を十分配慮して、費用対効果を十分に上げ、かつ自動化を通して従業員のレベル向上に結び付けて欲しいものである。

第 4 章

原価・安全・人事教育について知っておきたいこと

4-1 原価低減活動はどの様に進めたらよいか

　造れば売れる生産者ニーズの時代から顧客ニーズの物あまり時代を迎え、利益を生み出すことへの考え方は、トヨタ自動車に限らず競争にさらされている民間企業では、

　①利益 ＝ 売値 － 原価　　　原価低減　　○
　②売値 ＝ 原価 ＋ 利益　　　原価主義　　×
　　　（一部の独占企業の総括原価方式）

の考え方で取り組んでいる。
　原価をできるだけ下げて売値を市場に合わせ、かつ利益を確保していくことが将来にわたり企業が生き残るための必須条件となる。
　一般的に原価は、大きく分けて材料費・労務費・経費であり、それぞれに直接費と間接費がある。製造業での原価構成は右図の様になっており、原価低減活動とはそれらを削減していくこととなる。

■製造原価の構成

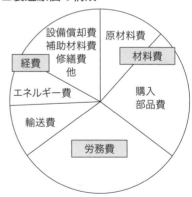

　ではどの様にして進めたら良いのか、ものづくりにおける低減活動を以下に述べる。

(1) 設計原価の低減

　製品の構造を簡単にし、部品点数や加工工程を少なくすることであり、原価低減の出発点となりこの活動が後の工程を決定付ける。

アイテム例は、
- 過剰機能、過剰仕様の削減
- 材質、表面処理などの見直し
- 共用化、部品数や種類の削減
- 機能の統合、簡素化、一体化
- 組立性、加工性の向上

などがある。

具体的な進め方は、製品を前に上記のアイテムについて皆でVE・VA提案を検討するやり方が多く用いられている。

価値と品質・機能・コスト・納期などとの関係は、

$$価値V = \frac{Q:品質（Quality）× F:機能（Function）}{C:コスト（Cost）× T:納期（Time）} (×職場環境・安全など)$$

で表される。

必要な機能を最低限の原価で得るために、その機能と原価のバランスを追究して機能や品質を落とさずに、設計や材料の仕様の変更・製造方法の変更・供給先の変更などのコスト削減を行うことである。

その手法として、新製品や改良などの開発段階では製品開発が完了するまで、開発部門・工場（生産技術・製造）部門・購買部門が一同に集まり、新製品の目標原価や目標品質を達成させるべく検討するSE（Simultaneous Engineering）活動がある。

まだ実物の無い状態で、製品自体はもちろんのこといかに造り易い製品とするかを検討し、良いものを・早く・安く造ることの実現を図るのである。

(2) 製造原価の低減

品質不良の削減や工法の変更での工数低減など、トータルとしての製造加工費を減らすことであり、「7つのムダ」※に着目して展開する。

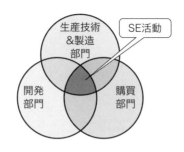

アイテム例は、
- 工程内不良の削減、自工程完結の推進
- ライン集約化による工数低減(離れ小島の解消)
- 自働化、設備改善での工数低減
- 完成品在庫・中間仕掛け品の削減
- 材料歩留り改善
- 製造経費の削減

などがある。

　具体的な進め方は、社内各部署の代表による「原価低減委員会」を設定し、年度目標を決め各部署へ割付けを行い成果について月々のフォローをしていく。

　設計原価も製造原価も下がる様に、VA提案やSE活動を通じて行うことが大事である。また、製造原価は固定費と変動費に分けられ(右図)、変動費を下げると同時にいかに固定費を小さくするかが大切であり、設備投資の削減や省エネ活動など「固定費の変動費化」を合言葉に、損益分岐点を下げることが重要である。

固定加工費
(間接労務費・修繕費・減価償却費・賃借料・エネルギー費・事務費・旅費交通費など)
変動加工費
(直接労務費・補助材料費・輸送費・エネルギー費・仕損費 など)

※　造り過ぎのムダ・手待ちのムダ・運搬のムダ・加工そのもののムダ・在庫のムダ・動作のムダ・品質不良手直しのムダ

(3) 購入品原価の低減

　材料や部品費などは総原価に占める割合が高いことが多く、直接的に原価低減に結びつくものであることから、相見積りや購入条件の見直しなど、仕入先の協力を得て共同で進めることが大切となる。

　アイテム例は、
- 相見積りでの購入
- 購入条件（ロットサイズ・機能など）の見直し
- 調達地域（海外調達）の見直し
- 共同購入など方法の見直し
- 仕入先からのVE・VA提案
- 仕入先での造り方改善
- これまでの経緯を廃止し、新しい観点での価格精査

などがある。

　具体的な進め方は購買部門が中心になり仕入れ先に単に値下げを強いるのでなく、仕入先の協力を得てコストが下がる方策を一緒になって追究することであり、購入品に対する知識を持ち購入条件の検討や仕入先での造り方改善を支援することである。関連部署間のメンバーでの情報の共有化を図り、ねばり強く進めることが大事である。

4-2 製品別原価の把握を簡単に出来ないか

　売上が増えても原価が高く利益が増えないとの相談を受けることがある。

　なぜ原価が下がらないかを解析する中で、総原価や勘定科目別での原価把握は出来ているが製品別での原価把握がなされておらず、この製品にどれだけの作業時間（工数）が掛かったか、どれだけの材料費や部品費が掛かったかが分からず、個々の製品で儲かったかどうかの管理が出来ていないケースがある。また、その様なことから直感的な原価把握で売値を設定したり、他社との競争関係で原価把握無しでの設定をしていたりするケースが見受けられる。

　したがって個々の製品の原価把握は必要であるが、複雑な仕組みを考えたり、個々の精度を求めるあまりに全体での誤差が大きくなったりして、使われないものになっては意味がない。

　現場の負担が少なく納得できるもので、維持し易い仕組みが必要である。

　製品原価の基本的な算出方法は、各製品原価へ直課するものと、配賦するものとに分かれる（右図）

直接材料費		
直接労務費	製造直接費	各製品原価へ直課
直接経費		
間接材料費		
間接労務費	製造間接費	各製品原価へ配賦
間接経費		

　各製品原価へ配賦される間接費は、生産量（数量、生産重量）に応じて配賦する、生産金額に応じて配賦する、生産時間に応じて配賦するなどの配賦方法があるが、事業の特性や自動化の状況など工場の特性に合わせて比率を決めると良い。

　留意点として設備償却費は、特定製品専用で使用する場合には直課するのが当然であるが、多種類の製品に汎用的に使用する場合は配賦として算出とする。

また配賦額は、実質コスト以上に配賦して製品の競争力を失ってしまったり、逆に実質コスト以下に配賦して収益悪化を招いたりすることがあるので、算出後にトップを含めた確認が必要である。
　以下、各社とも原価把握に悩んでいる製造直接費について述べる。

①直接材料費・部品費
　製品ごとに使われる材料（素材）や購入部品の構成表を整備（品名・品番・数量・重量・単価など）し、外部流出分の原単位を明確に見える化することである。
　留意点としては、それぞれに使い勝手のよい品目コードを設定し、一元化管理することで入力や算出に手間が掛からない仕組みにすることが大切である。
　バーコードシステムを活用したりすることも、入力工数や入力ミスの削減に繋がる方法である。

②直接労務費
　一番把握が難しいのが直接労務費である。特に多品種生産の場合や掛け持ち作業などでは、多くの作業員がいろいろな製品を加工しており、まずは、精度は悪くても製品別の作業時間を記録（作業日報）させるところからはじめて、徐々に精度を上げて行く方法が良い（下図）。

作　業　日　報					課長	工長	担当
年　月　日		工程名：	氏名：				
作業指示NO	製品名	内容	時間	残業	合計	備考	
			～				
			～				
			～				
			～				

作業No	製品名	生産数量	生産時間（工数）	アワレート（賃率）	総労務費	1個当たり労務費
01	A	400個	100時間	2,000円/時間	226,000円	565円/個
			（残業）10時間	2,600円/時間		
02	B	100個	200時間	2,000円/時間	426,000円	4,260円/個
			（残業）10時間	2,600円/時間		

　製品ごとにどれだけの作業時間（工数）が掛かったかを記録し、上図の例に示す様に集計することで、原価の多くを占めている労務費算出の基礎となる。この様に、直接労務費の算出には作業日報が不可欠であり、日々、作業員全員が記録し集計することはたいへんと思うかもしれないが、作業時間（工数）の短縮や平準化への検討など生産性向上活動のデータとしても使用でき、電子化することで生産管理システムと組み合わせ幅広く活用出来る様になる。

　留意点としては、設備故障時間や欠品などでの手待ち時間の扱い方であるが、基本的にはその製品の生産時間に加える、または、混流生産時などでは案分して計上するのが良い。4S時間やQCサークルなどの時間も同様となる。

③直接経費

　製造での直接経費は外注加工費などが主なもので、直接材料費・部品費と同様の把握をすればよい。留意点として、設備償却費や修繕費・エネルギー費などで製品に特有な経費として把握できる場合は、全て、直接経費としてその製品原価に計上する必要がある。

　原価低減活動を進めるには、製品別原価実績を明らかにし把握して改善を進めて行く。しかし最初から完璧を目指すのでなく、70〜80点で立ち上げ徐々に精度を上げて行き長続きさせることが大切である。多品種生産が進む中、製品別原価を把握した上での原価管理がますます大事となっている。

4-3 固定費を減らすには

費用には固定費と変動費の二つがあり、固定費は人件費（正社員）や賃貸料、減価償却費、電気・ガス・水道の基本料金、固定資産税、保険料、支払利息などがある。一方変動費は、雑給（アルバイトの給与など）や外注費、材料費、燃料費、荷造運賃費などである。

変動費は生産量に比例しており、増産になれば材料費や人手も増え電気代やガス代もかかる。

しかし、正社員人件費や減価償却費などの固定費は生産量に関りなく常に必要な費用であり、利益を増やすためには、生産性の向上で変動費を下げると同時に固定費を下げ生産量が減っても利益の出る、黒字体質の企業とする必要がある。

下の図は損益分岐点を表わす一般的な図である。図で分かる様に、損益分岐点が低い会社は利益が出易く黒字体質の会社である。一方、損益分岐点が高い会社は利益が出にくく、赤字体質の会社と言われる。

固定費を削減することは会社全体にかかわることなので、従業員全員へ会社としての考えと、具体的にどの費目をどれだけ削減するかの目標を明確にすることが重要である。「固定費削減推進委員会」などの体制を作り、削減へのアイテム

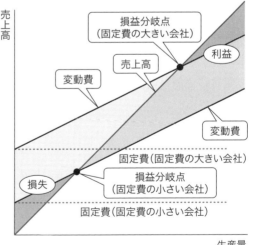

出しと削減額の割付けを行い、活動内容の見える化を常に図って進めることが大切である。

固定費か変動費かは一般的に下図の通りであり、ここでは主なものとして労務費・経費・償却費の具体的な削減方策を述べる。

No.	勘定科目	内　容	固定費/変動費
1	材料費	素材・購入品	変動費
2	労務費	固定労務費	固定費
		変動労務費 （残業・パートなど）	変動費
3	エネルギー費	電気・ガスなど	固定費/変動費
4	物流費	輸送・梱包	固定費/変動費
5	経費	製造経費	固定費/変動費
		一般経費	固定費
6	研究開発費	新製品など	固定費
7	償却費	設備・機械・建物	固定費

（1）固定労務費

固定費化されている労務費の変動費化とは、生産量に比例して人員を変動させることであるが、生産量が減った時こそ人を切らずに活かす工夫が求められる。

減産時に簡単に人を切る会社において従業員のモチベーションが上がるはずがない。

ここでは、実際に私どもの出身母体であるセントラル自動車（現トヨタ自動車東日本）の相模原工場時代に、リーマンショック時の対応を東京大学の藤本教授が、その著書『現場主義の競争戦略』（2013年12月、新潮社発行　p14～16）の中で述べられている内容を引用することで著者の説明に替えたい。

「神奈川県のセントラル自動車というトヨタ系の生産現場に、若い研究

者や学生を連れて何度か通い朝のラジオ体操から夕方の終業まで、データ集めや現場観察やインタビュー調査をしました。……中略……リーマンショック後の2009年春には月産3000台、つまり7割減で、今も稼働率は50％ぐらい。しかし、それでも現場は能力構築を進めています。……中略……2交代操業が1交代になると半分の人が余る。そこで手の空いた人は無人搬送台車を自作するなど、改善活動の強化・作業標準の改訂・多能工化の訓練など、繁忙期には出来ない活動をしていました。それでも、そうしたライン外の活動だけでは余剰人員を吸収しきれなくなり、トヨタ系では比較的堅調だったトラックを生産している日野自動車の生産ラインなどに、応援と言う形で半分ぐらいの作業者が1年交代で行きました。

　一方、相模原工場に残った人たちが作業や工程の改善を続けた結果、稼働率は2年前の半分しかないのに、組み立てラインの作業性は上った。実際、現場リーダーが中心になって組立作業を秒単位で分析し、ムダな動作を減らし、他工場に負けないように、ライン全体で何百秒とかの生産性向上をやろう、不良率も一桁下げよう、といった改善活動を稼働率50％の中でも続けているのです。中略……不況を乗り切って生産量が回復した時、セントラル自動車のような会社は、現場の体質が不況前よりさらに良くなっているでしょう。」

　以上は、セントラル自動車の例であるが、私どもが現在お付き合いしている中小企業の経営者の方々は、減産時に従業員の仕事を維持するために社長自ら新規受注のために大変な努力をされている。いずれにしても減産時に人を切らずにいかに活かすかという経営者の努力が、従業員のモチベーションにとって不可欠な要素であることに間違いはない。

　なお減産に備えて、平時において下記のような準備と工夫も必要である。

①保全・運搬・検査の生産量変動に連動した仕組みづくり（固定的な考えからの脱却）
　• 保全：定期保全から定量保全への切り替え。予防保全で突発故障対応

人員を削減。
- 運搬：生産量に応じた持ち分や運搬ルート化。
- 検査：定時チェックから定量チェックへの切り替え。
    自工程完結を進め最終での検査員を削減　など。

②管理部門（技術系・事務系）における必要業務の明確化

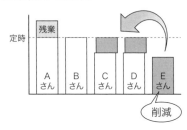

- 業務の寄せ止め（右図）や、組織の大部屋化。
- 不定期従業員採用や一定時間の残業化。
- 業務の外注化の拡大や、マニュアル化での各業務時間の明確化など。

(2) 一般経費

固定費としての一般経費は、変動費化できるものも含めムダ排除の考えのもとにアイテムを見付け、経費低減の意識改革と合わせて小改善から進めることが大切である。

- 賃借料：駐車場や倉庫など必要性を検討しての統廃合（生産量と連動化）
- 通信費：公私の区別。携帯電話の見直し。コピー機台数の見直し。
- 社有車：全社一括管理での台数削減。リースか購入かの検討。
- 通勤費：定期券購入か金額支給かの検討。燃料代支給時の単価見直し。
- 出張費：安い出張ルートの推奨。同一出張への人員の削減。
- 事務費：ペーパーレス化（コピー枚数削減）。机の中の余剰品の整理と集中管理化。

(3) 償却費

減価償却費は変動費化できるものではない。したがって初期の設備や機械購入費を如何に下げるかであり、設備購入時の投資削減活動が大切であ

る。
　投資削減の着眼点としては、
・設備や機械の寄せ止めや、遊休設備や機械の活用。
・設備や機械の汎用化、内製化。
・工程の短縮、型数の削減、設備や機械のスリム化、コンパクト化、などがある。

4-4 安全対策は原価を高めるだけか

　どの会社や工場へ行っても安全第一を謳(うた)った看板、のぼり、ポスター等はあるものである。モノづくりにおいて、安全は何よりも優先させなければならない。安全を重視するということは、従業員を大切に思っている証である。ところが中小企業の経営者や管理者に話を聞くと、安全対策は実施しなければならないと理解はしつつも、金が掛るばかりで生産性を阻害するものという認識との板挟みがあり、なかなか必要十分な対策まで進めることが出来ないというのが本音として返ってくることがある。本項では、安全対策を実施すれば原価が上がり、生産性は阻害されると思われている常識は正しいのか勘違いなのかを考えてみる。

　工作機械やプレス機の類を使って作業をする工場なら、『挟まれ・巻き込まれ』防止のための安全対策が必要である。溶接作業をする職場や高電圧を取り扱う作業、或いは電動工具を使用する作業では、『感電』防止に関する安全対策が必要であり、建築作業現場や高所作業では『転落』防止の安全対策が必要である。その他にも『崩落・落下』、『酸欠』、『爆発・火災』等に対する安全対策が必要な職場もある。安全対策は法的にもそれぞれの分野で具体的に指示され、安全管理体制のルールも含めてソフト・ハード両面で規定されている。このように法的に規定されている安全対策は、無条件に実施しなければならず、議論の余地はない。

　一方、法的安全対策とは別に、職場としての安全性を高める対策も要求される。例えば床が滑る、通路に物がはみ出ている、作業の動作範囲が広く腕や足腰に疲労が蓄積される、重量物扱いや作業姿勢の関係で腰痛を起こし易い、クリップ等の差し込み作業が多く指先が痛くなる、溶接時の強い光やコンピューター画面を見続けて目が疲労する、夏は猛暑で冬は極寒の環境で仕事をしている等々、エルゴノミクス（疾病対策）の観点からも

やらなければならないことが沢山ある。

従って、法的そして職場の細かい安全や疾病対策まで実施していたら原価ばかり上がり、利益どころではないと心配する経営者・管理者は多い。

しかし逆の発想をしてみよう。仕事は『楽に早く安全に』出来ることが最も生産性が高いのである。IEを勉強すると、連続作業より途中で休憩を入れた方が生産性は上がることを知る。今では午前10時と午後3時に休憩時間を設けているのが当たり前になっているのは、IEによる生産性向上が認められた結果である。また、300：29：1の比率で発生するハインリッヒの法則※というのがある。ヒヤリハットとしたこと300件を放置すると、その内に29件のすり傷や打撲等の軽い怪我を起こし、更に無視を続けると1件の死亡などの重大事故が発生してしまうという法則である。1件の死亡事故を起こしてしまったら、家族への補償は1億円以上、更に営業停止処分を受けつつ従業員への給与も補償しなければならず、その金額たるや莫大なものである。

1件でも重大事故は起こしてはならない。そのための対策としてヒヤリとしたり、ハットすることを除去する必要がある。早い段階での対策ならば知恵と少しの金額で済むものである。ヒヤリやハットする原因は、作業の中に潜んでいるムラ・ムリ・ムダから発生していることが多いので、楽な標準作業を目指して手順や環境を見直し、整備することである。

前述した機械やプレスには、人が機械に巻き込まれないように、両手起動ボタンを設けて手が入らないようにした法律がある。ここでよく考えて欲しい。機械のそばに人がいるから巻き込まれる危険があるのであって、

※　ハインリッヒの法則とは、「300：29：1」の割合で「ヒヤリ：軽微災害：重大災害」が起きる可能性が高いという法則である。
　　この法則は安全に限らず、品質にも使える法則である。300件の異常を無視していると、その内29件の軽微な不具合を発生させ、更に対策をしないで放置していると、1件の重大問題（例えばクレームやリコール問題）を起こしてしまうと告げている。安全も品質も些細なうちに問題を潰さないと、大きな被害となって返ってくることを警鐘している法則である。

人が機械から離れれば、両手でスイッチを押す必要はないのである。トヨタの機械工場では、1人の作業者に多台持ちをさせる場合、次の機械へ歩く途中でスイッチを押させている。安全の基本では、第一番目に『人と機械を離す』と定めている。正にその通りの安全性を確保している。この例は安全という面で捉えているが、実は作業能率を高める方法でもある。

　ハインリッヒの法則は安全だけでなく、品質不良や生産阻害にもそのまま当てはまる。例えば重量物を上下に動かしたり、持ち変えたりする作業は、どうしても腰痛になりがちである。それをムリして続けると大けがをするばかりでなく、品質不良を起こしたり、生産高にムラを発生させる原因となるのである。腰痛対策として、簡単なカラクリや補助具を取り付けるだけで生産性がずっとよくなる事例も沢山ある。

　このような改善や安全対策活動を継続しているのはなぜか、まぎれもなく作業方法や作業環境から危険な個所を改善して安全性を高めることは、実は生産性を向上させることと同じことだからである。

4-5 なぜ同じ怪我が出てしまうのか

なぜ怪我が出てしまうのか。

まずは一般的知識から怪我即ち災害や事故が発生するメカニズムを探ってみると、災害や事故は不安全な状態と不安全な行動の要因が相まって発生すると言われている。それでは二つの要因を詳しく掘り下げてみよう。

■災害発生のメカニズム

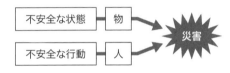

不安全な状態とは、床が濡れている、ナイフの刃が出たままになっている、機械の回転部分がむき出しになっている、電線の被複に剥がれた部分がある、ガスが漏れている、椅子の脚が折れ掛っている、ドアの外側は搬送車がよく通るなど、職場を見渡せばきりがないくらい身近に存在している。

これに対し不安全な行動とは、靴を潰して履いている、振りむき作業が多い、機械と隣接して作業をしている、安全装置を外して溶接機を使用している、可燃物のある場所で喫煙している、キャスター付きの椅子の上に立ってポスターを貼っている、工場出入り口から急に飛び出す、などの危険な行動や無知とも言える行動もよく目にするものである。

このようなメカニズムが分かって来ると、再発防止や未然防止策が見えて来る。まず対策を取りやすいのが人である。この時大切なのは、「何故必要か」を説明することである。例えば帽子をきちんとかぶりなさいと言

うだけでは、なかなか守ってくれない。帽子の機能を説明していないからだ。帽子のツバを後ろ向きにかぶってファッション性を出している人を街中で見かけるが、工場内では全く不安全行動のダメな見本となってしまう。帽子のツバは正面を向けてきちんとかぶることによって、顔面に物が当たる前に、ツバに当たるようにして顔面を保護するのがその役目であるから、逆向きでは無意味になってしまうのである。

　もちろん服装についても機械に巻き込まれたりするような服装は許されるはずもない。見本となる服装をマネキンに着せ、工場内に展示している企業もある。その他に手袋を禁じた表示を掲げている機械工場もあり、人に対する安全対策はすぐ出来るし、毎日の朝礼でも唱和をすることによって刺激にもなる。

　次は物や機械に対する安全対策である。プレスや高電圧等には法的な安全対策が義務付けされているが、それは最低限の安全基準である。災害は予期しないような箇所でも発生するので、予期出来ることへの対策は必ず実施すべきである。機械と人を離せば災害は起きない。しかし工場の制約条件や作業内容によってはどうしても機械と人が同居せざるを得ない場合が多い。その場合は機械の可動部に人が触れることが無いように、カバーを設けなければならない。

　よくある例として、機械が何かの原因で止まった時、作業者は良かれと思ってその原因を排除しようと手を出してしまう。原因となっていたものが排除された瞬間に機械が動いて巻き込まれるという事故である。このような場合を想定して、「止める、呼ぶ、待つ」[※1]という標語を職場の至る所に掲示してある工場もある。良かれと思って行動する中に大変な危険が存在することも、いつも意識付けが必要であり、行動指針としての躾も必要である。

　工場の内外に歩行時の飛び出し防止用のガードパイプ[※2]が設けてある企業がある。こんなことをしなくても皆が分かっている筈だが、ガードパイプが設けてあるのは何故か。人はうっかりミスをするからである。ま

た、工場見学者も含めて配慮すれば、ガードパイプは必要不可欠である。

　トヨタでは、工場の各出入口に安全の門を設け、出入りする従業員や来客に安全行動を自覚させている。安全第一！怪我をするな！と喚起しているだけでなく、実際に安全の門を自作し、誰のためでもなく従業員一人ひとりの安全意識が薄れないようにした対策である。従業員もやらされではなく、自分達でKY活動[※3]を推進し、自分達の安全な職場を自ら構築しなければ、怪我はなくならない。

　トヨタの安全教育で、災害が起きる前にあなたは何をするかと問いかけられたことがあった。非定常作業や工事をはじめる前に、その計画手順を追って、安全は確保された作業か、自分の息子にも自信を持ってやらせることが出来る作業かを確認するのがあなたたちの仕事ではないかと教えられたことを思い出す。

※1　『止める・呼ぶ・待つ』の掲示例

※2　飛び出し防止用ガードパイプ

※3　KY活動とは、危険予知活動のこと。○○のとき、××になる危険が想定されるので、□□の対策をしておくという活動である。例えば、雨の日は階段が滑り易くなるので、滑り止めテープを取り付けるというような活動である。

4-6 保護具の着用を守らせるには

守らないのは、守れないからだと考えることが重要である。

例えば防塵メガネをはずしてグラインダー作業をしている。なぜ防塵メガネをしていないか、その人には理由がある。汚れていて良く見えないとか、サイズが合わない、弦が緩んでいるとか、ほんの数秒で終わるから面倒くさい、或いは防塵メガネがその場所に無かったから等の色々な理由がある。

ヘルメットの着用を義務付けられた作業や工場見学でも、夏の猛暑日ではついつい外してしまう経験を持つ心当たりのある方もいると思う。また、いつも保護具を着用しろと言われているが、「なぜ着用しなければならないのか」の理由も聞いていないのでは、少しならいいのではないかと思ってしまう。しかも着用しなくてもたまたま怪我をしなければ、大丈夫だと誤った学習をしてしまうこともある。そして災害は忘れたころにやって来ては安全点検を急に厳しく管理する。暫くするとまた元の木阿弥に戻ってしまうことの繰り返しという現場もある。

どうしたら保護具の着用を守らせることができるか。やはり守れない原因を取り除くことが重要である。

第一には、保護具は法的規制があるので、それを最優先させて社内のルールを決めていないかという点である。もちろん法律は最優先に考えなければならないが、同様に考えて欲しいのが快適性である。保護具着用を守らない理由に、邪魔だ、重い、暑い、臭い、動きにくい、着脱が面倒などなど、快適性に欠ける理由が並ぶものである。裏返して考えれば、より軽く、着脱しやすく、作業の邪魔にならない保護具の選択を重視しなければならないということである。

服装でも夏と冬では衣替えをして季節に合った服装でなければ、だらしない格好になるのはその人のせいだけではないことを管理監督者は知ることである。毎日毎日着用する人の身になって、服装と保護具の快適性を追求することは守らせる大切な要因である。

　第二には昔からの慣習をそのまま継続しているだけになっていないかという点である。その一つは作業方法が依然として昔のやり方で、何も変わっていないので、作業着も保護具も昔のままになっているということである。昔は3Kと呼ばれた職場は、なかなか一新するのが難しく、今でも昔ながらのやり方が残っている。最も悪いケースは我々もそうして来たからという殻に閉じ籠ってしまっていることである。作業方法を変えるのはそう簡単に出来ることではない。

　中期的計画を作って、ステップ毎にムリなく推進することである。
　我々の職場は女性も働いて貰える職場かという視点で改善を進めてみてはどうだろうか。安全の基本でも保護具を付けるのは最後の手段であることを再認識しなければならない。
　もう一つは作業着の素材や保護具の性能が変わっていることを取り入れないで昔のままを継続している懸念もある。今では、夏は涼しくクールビズ、冬は薄くても暖かい素材の衣服が主流になっている。作業着販売店に行けば高機能素材を使用した作業着やアンダーウェアが主体に売られている。ヘルメットだってカバンに入るように折り畳むことが出来る商品が売られている。
　創立記念日を境にして、ユニフォームや保護具のモデルチェンジをして見てはいかがだろうか。

　第三には保護具の目的と手段を再確認してみることである。例えばボール盤で穴あけ作業をしたり機械を取り扱う場合は、手袋の使用は厳禁である。何故なら、手袋と一緒に手が巻き込まれる危険が増すからである。

また、保護具の目的は何かを深く考慮していない場合もある。例えば、溶接の強い光によって日焼けするのを防止するために、厚手の作業着で首までボタンをしっかり締めて、さらにタオルを首に巻いて汗だくで作業をしているのを見かけたことがある。他方の企業では、顔や首に日焼け止めクリームを塗って作業をしていた。どちらも目的は日焼け止めであるが、手段が全く違う。どちらの方法なら守ってもらえるか答えは簡単である。

4-7 新人や多能工を早く育てるにはどうしたらよいか

　新人も多能工の育成もいかに短期間で効果を出すか、先輩やベテランのやり方を盗んで覚える時代は半世紀も前に終わった。それでも同じようなやり方で教育しているつもりでいる中小企業や年配者は依然として多いのではないだろうか。このような人達は素晴らしい技能を持っていても、残念ながら仕事の教え方や指導の仕方について教育を受けたことが無いので、いざ教育してもらいたいとのオーダーを受けても戸惑ってしまう。このような悩みを持っている方々のために新人や多能工をどうやって教育し、いかに早く一人前にするかについて知識と経験に基づいて整理してみた。

(1) 教えるための基本はTWIの『仕事の教え方』

　TWIとはTraining Within Industryの略で、企業内訓練と言われている教育訓練の一種である。TWIは大きくは4つの教育方法で構成されているが、その内の一つが『仕事の教え方』である。仕事の教え方には更に4つのステップがある。

①習う準備をさせる……相手をリラックスさせる
②作業を説明する………相手と同じ側に立って手順と急所を説明する
③やらせて見る…………相手に自分で説明しながらやらせる
④後を確かめる…………良かった点を褒め、悪かった点を質問する

　相手と同じ側に立つとは、左右の手の動きや体の動きをそのまま習得し易くするためである。また、急所とは作業の成否に関すること及び安全に関して重要なポイントを言い、必ず守らせる事柄である。
　何度やらせても上手くやれないのは、相手が悪いのではなく、講師がよ

く教えていないからだと自責の念で考えるのも大変大事な指導評価なのである。

(2) OJTとOFF JT

OJTとはOn the Job Trainingの略で実際の仕事を通して行う教育である。TWI教育を終えたら、次は実務に就く訳であるが、最初は半人前分の新人工程に就いて作業をさせるとよい。実際の作業場に就き、標準作業通りに作業を進めて見る。もちろん面倒を見る人を決めて、見守る必要がある。作業に慣れて来たら、異常処置の方法も教える。ここで大事なのは、異常に対して手を出さないことである。異常が排除された瞬間に機械や搬送機が動き出し、大怪我をするからである。ここは『止める、呼ぶ、待つ』ことをしっかり教えることである。

Off the Job Trainingは職場を離れての教育である。ここで言いたいのは、座学などで更にレベルの高い教育を受けるのもいいが、他社を見ることである。同業他社はどんなことをしているのか、自職場でやって来たことが良かったのかまだ足りないのか、比較して判断が出来るようになるからである。OFF JTの機会を多く与えて、井の中の蛙にならないようモチベーションを持続させることが大切である。

豊田佐吉翁の言葉に「障子を開けて見よ、外は広いぞ」という名言がある。時に職場を離れて、世の中を見て学べという意味である。

同業他社、異業種の会社見学会に参加し、見聞を広めよう。

(3) 教材はベテランのビデオまたはバーチャル動画

　昔の教材は主に紙に書かれたものが主流であった。近年はグローバル化に伴い、言葉はもちろん、考え方や文化も違う外国人にも早く分かり易く教育を進める必要がある。そこで有効的な手段が、今実際にやっていることをビデオに撮り、教育用に編集し、目に訴える方法である。新規開発の製品組立手順を覚えて貰うなら、CADデータからバーチャル動画を作成して教材に活用すればよい。このような手法が普及して来たので、世界同時立ち上がりも可能となって来た。昔は宣教師と呼ばれる教育者（技術員・技能員）が各国へ指導に赴いて順次生産を立ち上げたものである。

(4) 教育訓練を行う道場の整備

　新人教育訓練には専用の場所が必要である。なぜなら、製品を加工したり組付けたりする作業は、要素作業の組合せで構成されているので、これらの基本的な作業をしっかり習得しておく必要があるからである。例えばネジを締めるにも、仮締め、本締めの手順を守らないと斜め入りしたり、製品にキズを付けたりすることをしっかり学んでおかなければならない。このような作業の本質は以外にもベテランの人でさえ知らなかったり、手順が省かれていたりすることさえある。トヨタが元町工場に大掛かりな訓練道場を創設した目的の一つは、インストラクターの知識の統一というものであった。インストラクターの指導方針が統一されてはじめて、誰が教えても同じ手順で同じ品質の製品が世界中で造れるようになったのである。

(5) 教育訓練の計画や管理は簡単な星取り表で

　教育訓練計画は、横軸に作業名、縦軸に作業者名を羅列したマトリックス表を作成し、作業習熟レベルを4等分した円グラフ（星）で埋めて置く。教育を受けさせたい作業者がどの作業をどのレベルまで習得したか、目でみる管理を行うためである。年初に計画し、新人やベテランの教育進度を一目で分かるようにした単純な管理表だが、個人の頑張り度合いの結果表

でもありモチベーションの維持向上にも役立つものである。

　多能工の育成は、業務を増やすことではない。楽に早く安くものを造る目的であり、従業員の休暇取得にも対応するための手段でもある。

　またTWI仕事の教え方は、山本五十六元帥のことば「やってみせ、言って聞かせて、させて見て、誉めてやらねば、人は動かじ」そのものである。

■作業習得星取り表

作業習得状況一覧表

A：手順習得、品質・速度未　C：標準作業が出来る
B：手順・品質習得、速度未　D：作業の指導出来る

氏名＼作業名	①図面分析	②モミツケ加工	③ドリル加工	④エンドヨル加工	⑤プレートカット	⑥ノック穴加工	⑦	⑧	⑨	⑩	⑪	⑫
高橋	DA/CB	DA/CB	DA/CB	DA/CB	DA/CB	DA/CB	DA/CB	DA/CB	DA/CB	DA/CB	DA/CB	DA/CB
田中	DA/CB	DA/CB	DA/CB	DA/CB	DA/CB	DA/CB	DA/CB					
斉藤	DA/CB	DA/CB	DA/CB	DA/CB	DA/CB	DA/CB	DA/CB	DA/CB	DA/CB	DA/CB	DA/CB	DA/CB
佐藤	DA/CB	DA/CB	DA/CB	DA/CB	DA/CB	DA/CB	DA/CB	DA/CB	DA/CB	DA/CB	DA/CB	DA/CB
木村	DA/CB	DA/CB	DA/CB	DA/CB	DA/CB	DA/CB	DA/CB	DA/CB	DA/CB	DA/CB	DA/CB	DA/CB

評価基準を
必要作業を洗い

4-8 QCサークル(小集団活動)を活性化させるためにはどうしたらよいか

1970年、日本科学技術連盟(以下日科技連)がQCサークル綱領を発表している。その綱領によると、QCサークル活動とは以下の通り定義されている。

QCサークルとは
　第一線の職場で働く人々が、継続的に製品・サービス・仕事などの質の管理・改善を行う小集団である。

この小グループは
　運営を自主的に行い、QCの考え方・手法などを活用し、創造性を発揮し、自己啓発・相互啓発をはかり、活動を進める。

この活動は
　QCサークルメンバーの能力向上・自己実現、明るく活力に満ち溢れた生き甲斐のある職場づくり、お客様満足の向上および社会への貢献。

経営者・管理者は
　この活動を企業の体質改善・発展に寄与させるために、人材育成・職場活性化の重要な活動の位置付け、自らTQMなどの社会的活動を実践するとともに、人間性を尊重し全員参加を目指した指導・支援を行う。

　1960年代の日本は、高度成長期の絶頂にあり、西ドイツを抜き世界No.2の経済大国になった時代である。とにかく造れば売れる時代だから、大量生産への設備投資と生産性向上は各企業が競い合っていた。もちろんQCサークルも盛んに行われ、生産性の向上を通して企業への貢献は計り知れなかった。そして給与も賞与も毎年期待通りに上がって行った時代背景の中で、時間外の無償のQCサークル活動を実施している会社も少なからず

あったようである。

　前述のQCサークルの定義に、「運営を自主的に行い」とあるが、自主的運営という名の下に今でも無償でQCサークルを継続している企業があるならば、直ちに業務とみなして有償化すべきである。

　業務ならばやらされ感もなく、使命感が湧き上がって来る。そしてQCサークルを業務化した後に、管理・監督者は適切な指示やサポートをすればよい。

　そこで管理・監督者はどんな心掛けを持って、指示やサポートをすればよいのかを列記してみる。

(1) QCサークル活動の基本的理念を理解・納得する。

- 人間の能力を発揮し、無限の可能性を引きだす
- 人間性を尊重して、生きがいのある職場をつくる
- 企業の体質改善・発展に寄与する

(2) QCサークルに必要な知識・手法を教える

　問題解決法（QCストーリー）やQC7つ道具の使い方が最低必要な知識・手法となる。これが分かれば職場の問題の8割は解決できる。

(3) QCサークルを妨げる要因を排除する

①サークルが何をして良いか迷わないように、方針とテーマ、目標値や期限を明確に与える。
②管理監督者が無関心になるとサークルも無関心になるので、定期的にフォローを行い、叱咤激励する。
③忙しくてサークル活動が出来ないことに関する悩みに対し、業務調整をする。

(4) QCサークル活動への期待を示し、多面的に評価する

　有形の期待値は（3）−①で示した通りであるが、特に無形の期待を明確に示すことが大切である。例えば参加率、発言回数、提案・特許申請などである。特に情意評価（意欲、役割、協力度）を公平に行う工夫は大切である。

(5) QCサークルメンバーに刺激を与える

　サークル活動の低迷はマンネリ化である。これを時々破壊してやらなければならないが、その方法を列記すると、

①テーマを業務オーダーとして明確に伝える
②テーマ毎にリーダーを指名する
③社外のQC大会に参加させる
といったことが挙げられる。

　最後に、小集団活動の思想とその効用は、日本人的発想で素晴らしいものである。グローバル化した今日でも、この思想をいつまでも持ち続けて、企業への貢献と自己啓発の両面に役立てて欲しいものである。

【著者紹介】
株式会社カイゼン・マイスター

2007年に設立。

社員は全員がトヨタ自動車及びその子会社である元セントラル自動車(現トヨタ自動車東日本株式会社)を定年退社したベテランで、「お返しの人生」を社是とし、「中小企業のよき相談相手」を経営理念に掲げ、分かり易く、改善ができる人づくりを主体に支援を実施している。

トヨタ生産方式を基本にした改善支援は、その後、多くの信用金庫や地方銀行、或いは日本政策金融公庫など、金融機関や公的支援機関経由での支援依頼の他に、直接のアプローチを含めて、日本全国に広まっている。改善支援先は製造業だけでなく、農林水産業や食品加工業、病院や大学、地方銀行などへも浸透している。

【執筆者一覧】
株式会社カイゼン・マイスター
  代表取締役   小森 治※
  チーフアドバイザー 鈴木 利治
  チーフアドバイザー 石川 一男
  チーフアドバイザー 志貴 正尚
  チーフアドバイザー 清水 伸悦

 執筆協力者
  チーフアドバイザー 石川 信
  チーフアドバイザー 神山 立彌
  チーフアドバイザー 鎌田 定明

※代表取締役 小森 治 略歴
1964年トヨタ自動車工業入社。
トヨタ自動車理事、トヨタ英国製造副社長、トヨタオーストラリア社長、セントラル自動車社長を経て、(株)カイゼン・マイスターを設立。
法政大学大学院客員教授、東京理科大学大学院客員教授、東京大学インストラクター養成スクール講師等歴任。中小企業診断士。

トヨタから学んだ本当のカイゼン

NDC509.6

2016年7月27日　初版1刷発行　　　　定価はカバーに表示されております。

　　　Ⓒ著　　者　　㈱カイゼン・マイスター
　　　　発行者　　井　水　治　博
　　　　発行所　　日刊工業新聞社
　　　〒103-8548　東京都中央区日本橋小網町14-1
　　　　電話　書籍編集部　　03-5644-7490
　　　　　　　販売・管理部　03-5644-7410
　　　　　　　ＦＡＸ　　　　03-5644-7400
　　　　振替口座　00190-2-186076
　　　　URL　　http://pub.nikkan.co.jp/
　　　　email　info@media.nikkan.co.jp

　　　　　印刷・製本　新日本印刷

落丁・乱丁本はお取り替えいたします。　　2016　Printed in Japan
　　　　　　　ISBN 978-4-526-07586-5　C3034

本書の無断複写は、著作権法上の例外を除き、禁じられています。